こころのちから

私のこころが決めていい

岩井美代子

ふじわらかずえ

1
こころって
フシギ。
2
自分のモノの
ハズなのに
3
自分の自由に
ならなかったりする
4
自分のこころのポケットに
「ホントのこころ」が
はいってナイ時がある。
アレ？
5
「自分らしい自分」で
いたいと思っていても
6
人から
こう
見られ
てる？
と気にしてみたり
あっ 今のナシ
ちがうの
7
ときには
すなおに なれなかったり
8
まわりの人や
できごとに
とっても
えいきょうされやすい。

いろんな人の中で
生きていると
KOKORO INTERNATIONAL
言いたいことが
言えなかったり
♪~
ホントは
こうしたかったのに
なんで できなかったんだろうって
なやんだり…
同じように
接しても
相手によって
うけとり方も
ちがう。
なかには「この人とは どーしても ウマく いかない!!」
相性が 悪い!! って 感じて しまう人もいる。
いかない…
ウマく
そーいう人とは サヨウナラ♥
ってできたら ラクかも しれないけれど
じゃっ 私、3課へ 異動しますんで♥
バイビ~♥
(死語)
なかなか
そーは いきません。
何の話?
しごと してる?
ちょっと ちょっと
ああ~
ホンマに あったら えーのに~
異動♥
人生甘ナイ。
「人として」は??
タン
タン

16
「人とよい関係をつくる」ってどういうことでしょう
17
人と接する時 大切なことは なんでしょう
18
自分のキモチを すなおに 伝えること。 相手のキモチも 考えること。
うん うん
19
そんなの アタリマエやん!! って思うけど このアタリマエのことが むずかしい。
20
たとえば
たいした コトじゃ ないんです けどー…
とか
まちがってるかも しれない けど…
とか
21
そんなら 言うなよ!!
(ツッコミ)
と、自分ツッコミ(?)が聞こえてきそうな まえおきを つけて 話したり……
…

どうして？
こころの どこか
すみっこに
「まちがいたくない」
「悪く思われたくない」
…って思ってる
「私」がいるから。
傷つきたくなくて
すなおな
言葉で話せない
「私」がいるから。
自分のことを
わかってホシイ
と
いいながら
相手のことは
わかろうとしてない
勝手な「私」も
いたりする。
コックリ
コックリ
「人とわかりあう」って
むずかしい⁉
むずかしいのは
じつは
私の
「こころ」だったのです。

わかっているよーで
わかってナイことが多い
♪しってるよーで
♪しってナイっ べんべん
「私」の「こころ」。
27
「こころ」に
「ちから」を
感じるのって
どんな時？
28
ワクワクして
うれしくて
あぁ♥
幸せ♥な時？
29
やる気マンマンで
ヨウシッ!!
ガッツポーズ！
がんばってる!!時？
30
そういう時 こころは
あったかいよーな
キャ♥
それはイモやろ…
おどってるよーな
ハイッ
なにか
ちから
強い
ものを
感じる。
パワ〜
31
じゃー
おちこんだり
つかれてたり
さびしいキモチの時は？
まっくら……
し〜ん…
「こころ」に
「ちから」は
ないんでしょうか
32

そんなことは
ありません。
パッ
カチ
元気がでなくて
くらいキモチの時だって
「こころのちから」は
働きかけて
いるのです。
どっどこ？
くいっ
くいっ
つらいこと、
困ったことに
直面した時
「こんなのイヤ」
「許せナイ」
「わからない」
「たすけて」
「なぐさめて
ほしい」
さいしょに感じる
「私」の正直なキモチ。
そのキモチを
大切に
してますか？
えっ

「たすけて」なんて
言ってイイの？
一度言ったことは
守らな
きゃ〜
!!
……
……
おこるなんて
オトナゲ
ないのでは？
……なんて
頭の中の「考え」が
こころの
「ホントのキモチ」を
おいはらう
ことがある。
しっ
しっ
どっちかが
悪い とか
いらない
のでは
ありません。
「考え」も
「キモチ」も
どちらも
アナタだけのもの。
両方とも
生かされないと
ダメなのです。
考え
キモチ
そのために
「こころのちから」が
必要なのです。

42
アナタは自分のことが好きですか？
「好き」っていうのは「みとめている」こと。
みとめてます
43
元気な時もへこんでる時も
いつも変わらず「私が好き」って感じられること。
それが「こころのちから」の大切なモトだったのです。
だいじょーぶ♪
♪私は私のコトがスキ～♪
44
こころの中で泣いている小さな「私」
おこっている小さな「私」
スネている小さな「私」
45
どれもぜんぶ大切な「私」自身。
46
しらんぷりしないで向きあって考えてみる。
そうすればアナタだけのアナタらしい「つきあい方」が
きっと見えてきます。

自分に自信があるときに
私が「私」を好きと思うのは
かんたんなことかもしれません。
でも本当は、
自分に自信がもてなくなったときにも
「私」を好きと思えること
それこそが「こころのちから」なのです。
ちからが沸き上がると、
こころがほかほかとあたたかくなってきて、
ぽっと灯りがともったような
きもちがしてきませんか？
人はひとりひとり違うけど、

みんな同じような「ちから」を持っています。
どのひとだって大切な「私」自身を
こころに持って生きている。
そう感じられたら
人を見る目も変わってくるかもしれません。
毎日のたくさんのできごとの中で
右に左にゆさぶられて迷っている
うさ子、ツネ子、しか子はあなたです。
なかなかうまくはいかないけど
「私らしい」ってどういうことだろう
どうしたら、そうなれるのかしら？を
いっしょに探していきましょう。

登場人物紹介

"Kokoro no Chikara" no Hitobito

ツネ子

人間関係をあらゆるテク(機転)を駆使して乗り切ろうとする「人付き合いサーファー」。いつもスマートに立ち回ろうとするが、時として策におぼれがち。社内ファッションリーダー。彼氏のたぬ男(お)とは半同棲中。

うさ子

やさしい性格だが、優柔不断なため周囲のキャラの濃い同僚たちに何かとふりまわされている。社内お茶出し名人(ついつい人の分まで請け負っているうちにうまくなった)。「俺様主義」の彼・うさ男(お)とは、一応結婚を前提におつき合い中だが……。

ミミチョリカ

あなたのこころの耳にそっとささやきかける、謎の妖精。なぜか、うさ子・ツネ子・しか子にしか見えないらしい。実寸は耳サイズ。出身はロシア。頭巾集めが趣味。愛読書は「人として」(ハ?)。

しか子

負けん気が強く、おちゃめながんばりやさんで同僚内でもリーダー的存在だが、その「熱さ」でいつも周囲に嵐を巻き起こす……。学生時代はバレー部部長。鍋奉行。好きな言葉は「白黒どっちや!」。彼氏ただいま募集中。

社長

みんなが勤める会社の社長。給湯室での社内情報収集が趣味。うさ子とは茶飲み友だち。

リス部長

ちっちゃい上司。しばしばブリザード級のオヤジギャグで部署内を氷らせる。

ねこ田せんぱい

うさ子・ツネ子・しか子の先輩。部署内で幅を利かせている、パンチのあるお人柄。しか子の宿命のライバル(?)。

あおり田せんぱい

ねこ田せんぱいの舎弟。部内の空気を読むこと、こうもりのごとし。トロ子とは同郷出身。

ヘビ子せんぱい

うさ子・ツネ子・しか子の先輩。怒らせるとコワイので、先輩の仕事はスケジュールに遅れナシ。(トロ子は別)

トロ子

うさ子・ツネ子・しか子の同僚。その独特のマイペースぶりはしか子と別の意味の嵐を呼ぶ。現在、転職考え中。

うし子

うさ子・ツネ子・しか子の同僚。海外旅行が趣味のクールビューティ。凝り性。マイブームはフラメンコ。

とり子

うさ子・ツネ子・しか子共通の親しい友人。しばらく音沙汰がなかったが……。

うさ男(お)

うさ子の彼(出会いはナンパ)。何かとうさ子を強引に押し切る「俺様」ぶりもうさ子へのラブ♥ゆえか?

たぬ男(お)

ツネ子の彼(昔の同級生)。熱烈巨人ファン。(オッサン?)ツネ子とは、互いに「くせもの」的性格の、似たもの同士カップル。

Kokoro no Chikara

私のこころが決めていい

CONTENTS

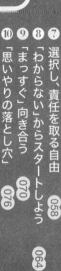

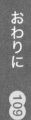

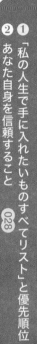

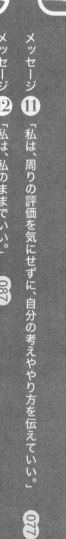

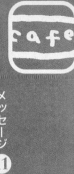

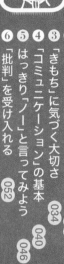

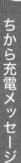

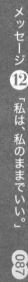

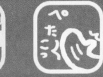

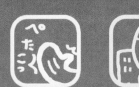

こころ

こころのちから
Kokoro no Chikara

Message 1

「私は、私が何をするか、どれから始めるかを自分で選んで決めていい。」

職場、家族、友人、サークル……
さまざまな状況の中で、
私たちはつい「私」の欲求よりも
求められる役割を優先して
ふるまってしまいがちです。
でもふと立ち止まり、
「私って本当は何をしたいのかな？」と、
考えることも大切ではないでしょうか。

Kokoro no Chikara

Message 1

私は、私が何をするか、どれから始めるかを自分で選んで決めていい。

こんな時

あなたならどうする？

うさ子の場合

Usako no Baai

わたしだって
今日 英会話の日 なのに…… レッスン1回 5千円 パア?
残業 いいかなー?
いいともー……
ヒクッ
まっまた 部長の オヤジギャグに まで つきあったりして
アホちゃう……
しくしく
5千円……
しくしく……

うさ子なあなたへ

「うさ子、あなたもしたいことがあるんじゃないの?」と、誰かがひと声かけてくれればいいのに……。でも待っていても、そんなやさしい人はいつ現れるかわかりません。

かかる声といえば、「今日は残業できる? いいよね」ばかりかも。何を優先するかは、あなた自身が決めること。たまにはしたいことを決めて、恥ずかしがらずに宣言しましょう。みんなから応援してもらえるとは限らないけれど、「私」から進んで一歩踏み出しましょう。そうするだけで今までとちょっと違う「私」が感じられます。

Message 1

私は、私が何をするか、
どれから始めるかを自分で選んで決めていい。

しか子の場合
Shikako no Baai

「仕事」と「フラメンコ」どっちが大事やと思てんねん?! 目ェさまさんかい?
パン
パン
パン
(しか子もうそうモード)
パン♥

しか子なあなたへ

「仕事よりプライベートを優先するなんて許せない」とカッとなってしまうかもしれませんが、「キャリア優先」はあなたの考え。あなたのものさしで人を測ることはできません。他人のことより、あなた自身のこれからに目を向けてみましょう。あなたの夢はなんですか？　これから何を始めるか、何を選ぶか、ゆっくり考える時間を取りましょう。将来につながる最初の一歩は、今のあなた。どんな自分でいたいでしょうか。キャリアを重ねたその先に、どんな姿が見えるでしょう。「しなくてはならない」ことばかりでなく、したいこと、好きなことを始めましょう。

ツネ子の場合

Tsuneko no Baai

人のことはど〜でもヨロシ〜
アンタはど〜やねん〜?
うさ子もバカじゃナイ? かげで泣いちゃってサー
リス部長人気サイアク〜
しか子もおこりスギ〜

ツネ子なあなたへ

他の人への評価や批判で、頭の中がいっぱいになっていたりしませんか。他の人のことを観察しても、「私」自身のことがよく見えてくるわけではありません。他人を気にするより「私の人生は私のもの」と考えて、あなた自身に興味を持ってみましょう。あなたはどんなことが好きですか? どんな人になりたいでしょう。夢を見るのは自由です。宇宙旅行も、宝くじも、大恋愛も何もかも、まずは、あなたの望みから始まることを忘れないで。

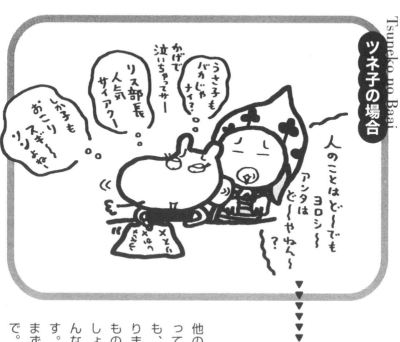

ちから充電メッセージ

1

「私の人生で手に入れたいものすべてリスト」と優先順位

1人の自由な個人として、あなたがこの人生で手に入れたいものはなんですか？ リストをつくって見てみましょう。

紙を1枚用意し、「私が人生で手に入れたいものすべて」と書いて、思いつくものをすべて書き出します。どんな人になりたいか、したいこと、習いたいこと、行きたいところ、出会いたい人、わかりたいこと、取り戻したいもの。できるできない、よい悪いの判断なしに、できるだけたくさん、もう充分と思うまで書き出します。次に、「これから10年の間に手に入れたいものすべて」を最初のリストから書き抜き、同じように「5年」と「1年」のリストをつくります。

4枚のリストにくりかえし書かれているものはなんでしたか？

そこには、あなたが「大切にしたいもの」が表れています。

書き終わったリストは大切にしまっておきましょう。何年かたったら読み返してみて下さい。不思議なことに気づくはずです。書いた頃には「夢」のように思われたことも、今では現実に手に入っていたり、当たり前になっていることがたくさんあるのを発見するでしょう。「願い」や「希望」は、私たちが閉じこめようとしない限り、イキイキと表れて実現するちからがあるのではないでしょうか。

リストの効果は他にもあります。「私」が何をしたいかわかるので、ほしいものを選んだりものごとの手順を決めるのがラクになります。その場しのぎや人の言いなりになることが減って、かわりに「私」の時間が増えていきます。そして何よりすばらしいのは、「私」のしたいことややりたいことに優先順位がつけられるようになると、他の人の考え方や選択の仕方についても、尊重できるようになれることです。「違いを認めること」ができれば、人も自分も大切にできるようになるでしょう。

こころのちから
Kokoro no Chikara

Message 2

『私は、自分のよいところや能力を、ちゃんと認めてもらっていい。』

人から軽くあしらわれたときに、
「まだ若いから、新人だから、能力がないから、
女だから仕方がない」と思っていると、
相手は「私」に対する扱いを変えようとしません。
人とよい関係をつくるには、
まず「私」のよさを自分から進んで伝えましょう。

Kokoro no Chikara

Message 2

私は、自分のよいところや能力を、
ちゃんと認めてもらっていい。

こんな時

たしかに 私は
新人だけど
若いし、
女だし、
ピチピチだけど♥
ハ?
だからって私ら 新人だけ
スケジュールつたわってけーへんって
どおいうこと!?
え?
ういてるっ
ワシ足
ういてるってっ
段取りとられへん時あって
困るねん!!
女や思て なめたら
あかんぜよ!!
たのむでホンマ
ペっ

…女?
ホンマに?
ケホ
ケホッ
さすさす

あなたならどうする?

Usako no Baai

うさ子の場合
胸を張って生きる。

うさ子なあなたへ

「若いし、新人だし、能力ないし、女だから仕方がない」とひたすらガマンしていると、無理して体調を崩してしまうかもしれません。疲れでミスが重なると、ますます自信をなくす悪循環に。この状況は、あなたが自分を低く見積もっているために起きてしまうのではないでしょうか。「私なんてたいしたことない」と思ったりせず、「私の大切さ」に注目してみて下さい。まずは、今日1日あなたがどれほどよくやったか思い出して、その内容を書き出してみましょう。またはあなたが貢献したできごとを誰かに話してみるのでもいいですね。大切なのは「私」も尊重されていいと、まずあなた自身が胸を張れるようになることです。

「たいしたことはしていない」の口グセはやめて、
「私のしていることは大切なこと」と思いましょう。

Kokoro no Chikara

Message 2

私は、自分のよいところや能力を、
ちゃんと認めてもらっていい。

しか子の場合

Shikako no Baai

パワフルさを前向きに表わす。
ラジャッ♥
グッ♥

しか子なあなたへ

ないがしろにされていると思いながら生活していると、これまでにたまった怒りや不満が、あるとき口をついて出てきてしまうかもしれません。こうなると自分を止めるのはむずかしくなってしまいます。不当に扱われたときに怒りを感じるのは当然ですし、「このままではイヤだ、許せない」と思うことは、「私」を支えるちからになります。このちからを、相手にぶつけたりただ放出するのでなく、能力を発揮し状況を改善するために使ってみませんか？　「ちゃんと責任を果たしたい」「私なりにできることをしたい」など意欲を話すと、責任感やさわやかさが伝わります。パワフルさを前向きに表わせば、「尊重すべき相手」と受け取られるでしょう。

ツネ子の場合

Tsuneko no Baai

いや、だからさー
きいてる？？
うふふふふ
しかえし手帳
ツネ子

ツネ子なあなたへ

だまって周りに合わせていても不平や不満は募ります。「いつか仕返しをしたい」などと暗いきもちに陥ってしまうこともあるでしょう。例えば皮肉を言ってその場は気をすませても、「イヤミな人」とかえってあなたの評判を落としかねません。それよりも「私」が正当に扱われないことによって起きる仕事のマイナス面を、はっきり相手に伝えてみませんか。あなたの重要さをアピールすれば、周りもあなたをもっと活かすべきだと考えるのではないでしょうか。

「私はこれだけのことをしています」と報告しましょう。

ちから充電メッセージ 2

あなた自身を信頼すること

プライドを傷つけられるようなできごとがあったとき、「いつかわかってくれる」「もっと自分を磨けば認められる」と、自分を励ましてがんばるということも大切です。でもそれと同じくらい大切なのは、今のあなたも、充分尊重され能力を正当に認められていいと自分でわかっていることです。もっとがんばっていきたい将来のためにも、今ここで実力が評価されるよう環境を整えることから始めてみませんか。

話すとき、相手に「私にもプライドがある」と知らせることは大事です。これは、相手と争うためではなく「私」を大切にするためです。

1回言って相手が取り合わないからといってあきらめないで、くりかえし「私のプライド」に立ち戻って、話し合う機会を持って下さい。

何かを始める前に、自分を卑下して、能力を低くみせる必要はありません。まず実力を充分発揮しできるだけのことをして、それでもちからの及ばないときに、改めて謙虚になることができれば充分なのではありませんか。最初からあなたの能力を、レベルを下げて見せるのはやめましょう。

また、人と比べて「私のほうが能力があるのに認められない」と憤慨するのでは、結局人と競争することになってしまいます。プライドを持つべきなのは年齢や性別、キャリアや学歴などについてではなく、あくまで「今の自分を大切にしたい」というきもち、に対してです。争うためのプライドではないことを忘れないで。

こころのちから
Kokoro no Chikara

Message 3

「私は、自分に素直になって、人に感情を伝えていい。」

「私のきもち」に気づいていますか？
感情は自分では気づかなくても
いつのまにか表情や態度になって表れます。
「私はどう感じているのか」を
もっと大事にしてあげて。
隠すことも、ねじ曲げることもなく
一番素直な形で表現しましょう。

Message 3

私は、自分に素直になって、
人に感情を伝えていい。

こんな時
彼と つきあいだして
もう 2年に なるけど
もしかして 私と彼って
相性あわないのかしら?
オマエも こんなん着ろよ♥ な?
プレゼント ホラ♥
わぁ〜
ひっ
しゅみも あわナイ……
「デート」って2人でする
ものなんだから
ほんとは
「どこ行く?」
とか
2人で
決めたいのに
今日もまた
1人で勝手に
お店まで 決めちゃってる……
キライなお店じゃないんだけど
なんか 気分悪い……。
メニューまで 決めとんかい……
あなたならどうする?

うさ子の場合

Usako no Baai

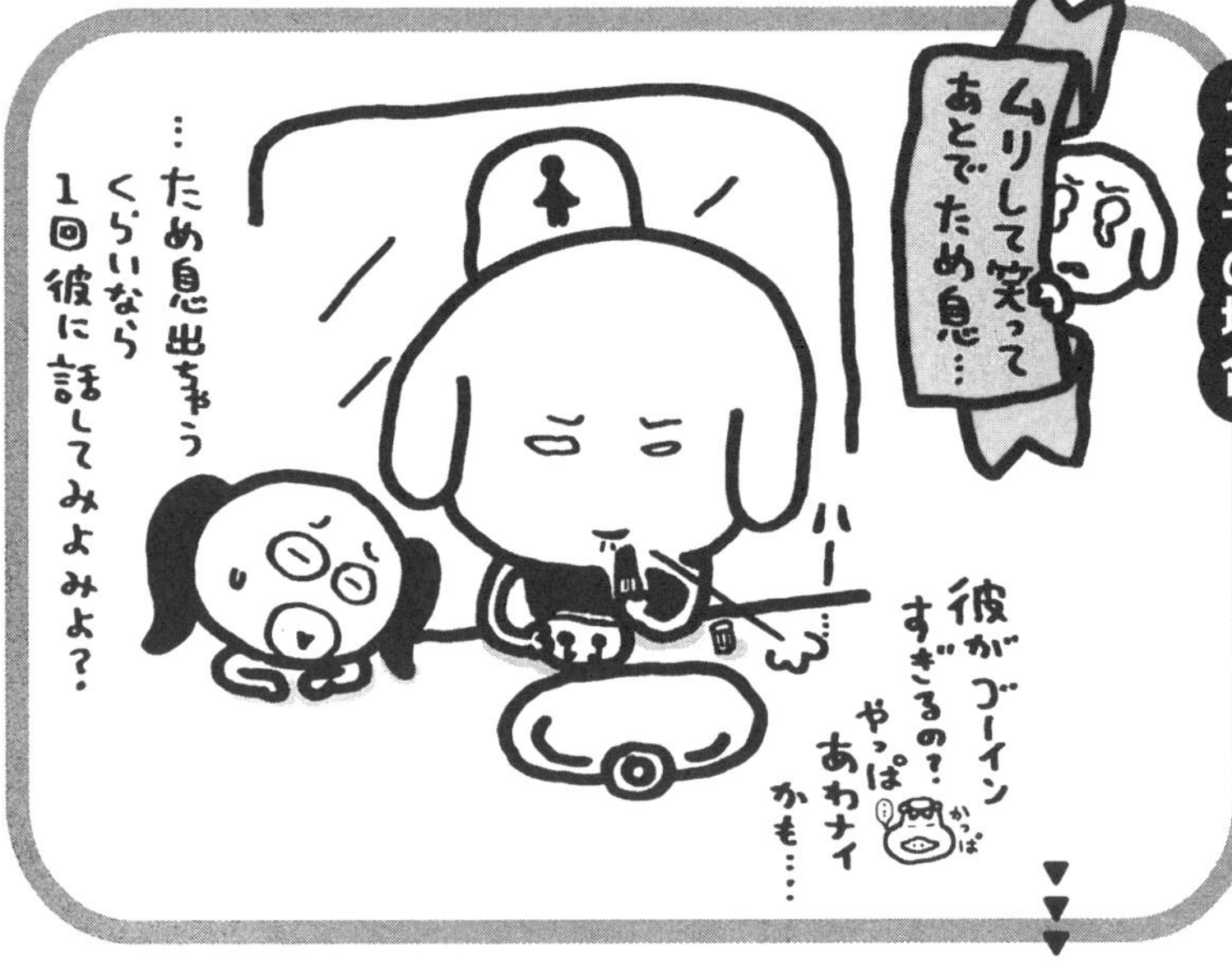
ムリして笑って
あとでため息…
…ため息出ちゃう
くらいなら
1回彼に話してみよみよ？
ハー…
彼がゴーイン
すぎるの？
やっぱ
あわナイ
かも……
かっぱ

うさ子なあなたへ

頭では「いい」と思っても、なぜか急に沈んだ気分になってしまうことがあります。それは自分の正直なきもちを押し殺したため、心がずしりと重くなるからです。人ににっこりほほえみながら内心曇った気分でいては、つらくなるのはあなたです。たとえ相手があなたの大好きな大切な人でも、勝手にあなたのことを決められたら気に障るのは当然です。「こんなことで気分を悪くするなんて」などと自分を責める必要はありません。一度感じ取ったきもちは、隠していてもいつか表れます。ため込んで相手との関係を気まずくしてしまうより、今のきもちに気がついて伝えるほうが、誠実な態度になるのではないでしょうか。

私は、自分に素直になって、
人に感情を伝えていい。

しか子の場合
Shikako no Baai

いやっ君のコトは知りつくしているボクだからっ
スバラシイ妹だからっ
?
サッ
勝手になんでもきめんといてくれる!?
ホンマにー
彼氏おらんのね……
MENU

しか子なあなたへ

つい「あなたって○○」とどなって相手を責め、その場を台無しにしてしまうことはないでしょうか。でもあなたが腹が立ったからといって、一方的に相手を傷つけてしまっては「おどし」や「暴力」になってしまいます。相手を攻撃するのと、自分のきもちを素直に伝えるのは違うことです。「あなたが怒らせている」のでなくて、「私が怒っている」ということに気づきましょう。きもちはいつでも「私」のもの。だから「私はどんなきもちがしているか」を伝えることが大切です。そして、「私のきもち」を伝えた後は、「相手のきもち」を聞いてみて下さいね。

「あなたのせいでこんな気分」という言い方ではなく、「私はこんなきもち」と伝えます。

ツネ子の場合

Tsuneko no Baai

ツネ子なあなたへ

はっきり言葉でいうことはなくても、例えば目をそらしたり、気のないあいづちを打っていれば、あなたの不機嫌さは外から見てすぐわかります。ただ案外本人はそうと気づかず、知らず知らず人に文句を言い続け、周りをいらだたせてしまうことがあります。自分の中の漠然としたイヤな気分を人のせいにしていても、「不満」や「グチ」は絶えないでしょう。それよりも起こっているきもちを引き受け、「私はいやなんだ」と自覚してみませんか。そのほうが素直になれ、相手を巻き込んだりきもちが絡まってしまう前によい手を打つことができるでしょう。

ちから充電メッセージ 3

「きもち」に気づく大切さ

「きもちを人に見せてはいけない」と思い込んではいませんか？感情を表すことを避けようとすると、かえって感情に支配される悪循環が起こってしまいます。抑え込んだきもちがストレスの元となって体や心の病気になったり、とうとうおさえが効かなくなって爆発し、他人も自分も傷つけてしまうようなできごとが最近増えています。

このようなことになる前に、きもちを「私」のものとして積極的に感じ、責任を持って表現する方法を身につけましょう。感情に気づくということは、あなたの内なるメッセージに耳を傾けることです。毎日のちょっとした瞬間ごとに、「私は今、どんなきもちがしているだろう」とふり返ってみて、体の感覚を受け取る習慣を持ちましょう。いい感じもイヤな感じもどちらも大切で、「感じてはいけない悪いきもち」などありません。今ここにいるあなた自身の感覚を大切に感じましょう。

感じていることがわかったら言葉にしてみましょう。きもちは、「感情的」に言わなくても「きもちの言葉」を使うことで充分伝えることができます。「私は怒ってる」「私は悲しくなってきた」と言うのは、言葉できもちを表す方法です。涙がこぼれたり、声が震えたり、顔が赤くなるのは、きもちの自然な表現なのですから、恥ずかしがることはありません。「嬉しい」「楽しい」「ホッとした」「安心」「落ち着いてる」などのいい感じも、言葉にしましょう。

「そんなことはたいしたことではない」「言わなくてもわかってる」「恥ずかしい」などと思ってしまわず、小さなきもちを伝えて下さい。きもちを表す言葉をたくさん持っていて、使い慣れることが、きもちを自然に表す方法なのです。また、きもちはしばしば相手を思い通りにコントロールする道具にもなってしまいますが、泣いたり脅したりして相手を動かすのはまちがった使い方です。きもちを表現したら「だから私はどうするか」も同時に考えて、自分から行動していきましょう。

こころのちから
Kokoro no Chikara

Message 4

「私は、自分の意見や価値観を、正直に相手に伝えていい。」

自分の意見を言うこと自体は
とてもいいことのはずなのに、
「言ったって、聞いてもらえない」、
「思うことを言っただけなのに、
怖がられて敬遠された」
みたいに、実際にはすごくむずかしいようです。
でも、あきらめないで。
上手に言うことさえできれば
あなたの正直さはきっと相手に
プラスに伝わります。

Kokoro no Chikara

Message 4

私は、自分の意見や価値観を、
正直に相手に伝えていい。

うさ子の場合

Usako no Baai

うさ子なあなたへ

困った事態に出会ったとき、イヤだと思っているあなた自身のことより「相手や周りがどう思うか、気分を害さないか」と心配してしまいがちではないでしょうか。内心では困っているのに表向きは「何でもない」ように笑顔でいたり、「どうせ私には何もできないから」と人任せになって、逃げ腰になっていてはずっとイヤなきもちのままです。まずは人ごとではなく、あなたが困っていることを自分でちゃんと受け止めて。他の人の陰に隠れるのをやめて、あなたもまずみんなにどう感じているか話し、解決策に一役買いましょう。

「私はかまわない」ではなくて、「私はこうしたい」と言いましょう。

私は、自分の意見や価値観を、正直に相手に伝えていい。

しか子の場合

Shikako no Baai

いろいろございマス
にげ腰
へっぴり腰
ギックリ腰
←?
けんか腰
スチャッ

しか子なあなたへ

不愉快さを感じた瞬間、おもわず「いやね」と大声で言ってしまったり、「マナーが悪い」などと、相手の行為を自分の判断で決めつけてしまいがちではないでしょうか。これではけんか腰と受け取られ、その場の雰囲気を壊してしまいます。意見を言うときに、「あなたはまちがいで私は正しい」と主張したのでは相手は聞く気になれません。あなたが自分の不愉快さにすぐ気がつき、意見を言えるちからがあるなら、次のステップとして相手のきもちや考えを聞くちからも身につけましょう。あなたの意見を言うことと、相手の意見を聞くことはセットで使えてこそ、ちからを発揮するのですから。

「あなたは……だ」ではなく、「私は……と思う」と言いましょう。

ツネ子の場合

Tsuneko no Baai

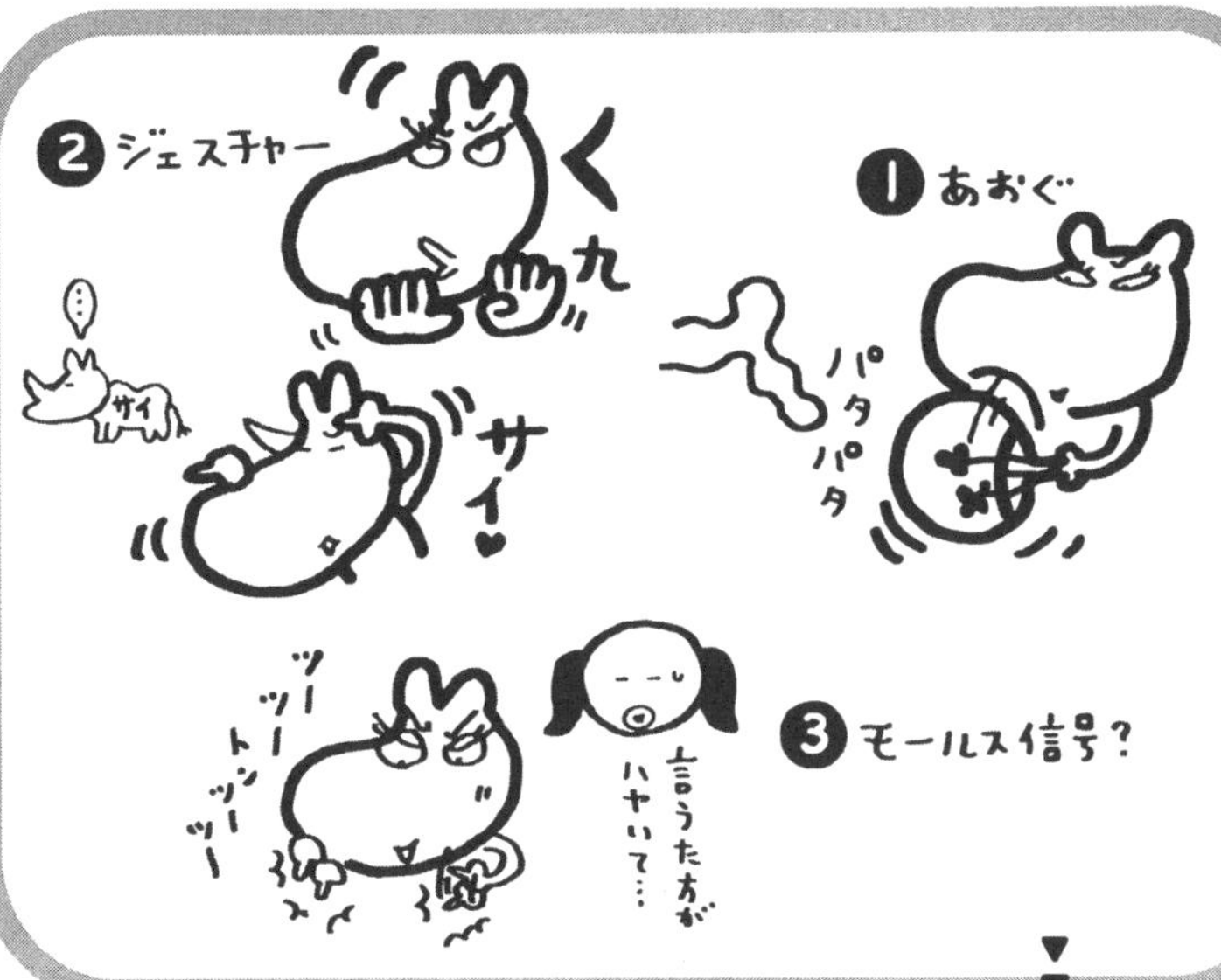
①あおぐ
パタパタ
②ジェスチャー
サイ
サイ♥
③モールス信号？
言うた方がハヤいて…

ツネ子なあなたへ

さまざまな「迷惑だわサイン」を送って、そのうち相手がこちらのきもちを察し、すまなく思ってくれるのを期待してはいませんか？　でもこれでは相手がいつ気づくかわからないし、気づいても意に介さないという態度に出られたら不愉快さは募ります。これではせっかくの食事もだいなしですし、「イヤミな態度」の応酬は早くおわりにしたいものです。「相手が気づかないのが悪い」と責めるのでなく、あなたから相手にこちらの意図を的確に伝えましょう。こうすることで、思っていたよりもわだかまりを深めず、早く問題を解決できるかもしれませんよ。

「こんなことも気がつかないなんておかしい」ではなく、「私は……してほしい」と言いましょう。

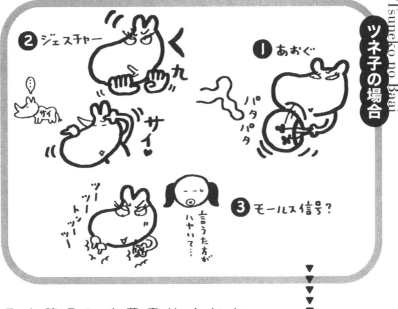

ちから充電メッセージ 4

「コミュニケーション」の基本

人にものを伝えるとき、陥りがちなコミュニケーションのパターンがあります。勝つか負けるかのけんか腰になる攻撃型(しか子)。相手をうまく操作して思い通りにしようとする作為型(ツネ子)。ガマンするしかないと逃げ腰の受け身型(うさ子)、この3つがその代表的なものです。みんながこうしたパターンにはまっていると、話はいつまでも解決しなかったり、解決しても後味の悪い結果になってしまったりしがちです。ここでは、パターンにとらわれず、自分の意見を相手に伝えるための方法を簡単に紹介しましょう。

❶ 考えや意見を伝えるときは、長々しい前置きなしに単刀直入に始めます。
❷ 要望は1度にひとつだけ、具体的で相手にできることを提案します。
❸ 相手が話をそらそうとしたら、くりかえし提案に戻ります。
❹ 相手のきもちや考えが伝わったら 受け取ったことを伝え返します。
❺ 最初の提案を押し通そうとするのでなく、適切な妥協案を受け入れます。
❻「私」のきもちを、感情的でなく「言葉」にして伝えます。

まずは「小さな意見」を率直に誠実に伝えるように練習してみて下さい。そうすると、「大きな意見」も上手に表現できるようになるでしょう。でも、「こんなことは大したことではないから」と言わずにいたり、我を通すだけの言い方をしていると、いざというとき、自分で言っていることのつじつまが合わなくなったり適切な言葉が出てこなかったりと、自己嫌悪に陥るような話し方をしてしまいます。また、「相手によりよく伝えるには、どう話せばいいだろうか」と、考えながら話してみるのもいいと思います。普段の会話はもちろん、文字中心のコミュニケーションであるSNSにおいても同じことです。むずかしく考えすぎず、❶から❻のどれかひとつでもいいのです。取り入れやすそうなものから試してみましょう。それだけでも、これまでのあなたのコミュニケーションのパターンが大きく変わります。

こころのちから
Kokoro no Chikara

Message 5

『私は、他の人のきもちにではなく、自分のきもちにそって、「はい」YES「いいえ」NO を言っていい。』

相手のきもちを気にしすぎて、
自分の「イエス」「ノー」をあいまいにしていませんか？
相手のためと思って、
かえって人の考えに入り込みすぎてはいませんか？
あなたの「イエス」「ノー」はあなただけのもの。
相手を思いやるように、
私を思いやることも忘れないで

Kokoro no Chikara

Message 5

私は、他の人のきもちにではなく、
自分のきもちにそって
「はい」YES「いいえ」NOを言っていい。

うさ子の場合
Usako no Baai

なっなにコレ？
買こーたん？！
……
しくしくしくしく
どーーん

うさ子なあなたへ

ことわりにくいしー
まーいっか……
にこっ

あなたが自分の考えをあいまいにしてつきあっている限り、相手は「OKなんだな」と都合のよいように受け取ってしまうでしょう。「意見したり断ったりすると、相手を傷つけてしまう」という心配よりも、まずは「私はどう思うか」を考え、伝えてみませんか？　「ノー」と言うのが相手にすまないと思うなら、そのきもちも一緒に伝えましょう。「断るとあなたががっかりするだろうと思って言いづらかった」。これであなたのきもちは充分相手に伝わります。「ノー」と言った後は、長々とあやまったり弁解したりせずに話題を変えるか電話なら切っておしまいにしましょう。はっきり意見を伝えることは、関係を壊すことではなく、新しくすることなのですから。

「これを言うのは勇気がいるの」。言いづらい言葉にそう付け加えるだけで充分伝わります。

私は、他の人のきもちにではなく、
自分のきもちにそって
「はい」YES「いいえ」NOを言っていい。

しか子の場合
Shikako no Baai

チュー
チュー
チュー
チュー
タコかいなー
…なあ
だいじょ〜ぶ？
アンタ
だまされてナイ？
それって
ネズミ講《こう》
ちゃうん？

しか子なあなたへ

人に意見を伝えるとき、「相手がどうするべきか」まで忠告する必要はありません。あなたが判断するのは「私はどう思うか」で充分です。あなたが相手の意見に「ノー」と感じているのなら、相手を納得させるのではなく、シンプルに「私の考えはノー」とだけ伝えましょう。また、気になるのであれば「私の言ったことで気を悪くした？」とか、相手のきもちを察する言葉を付け加えるのもいいかもしれませんね。ゆっくりと、落ち着いた口調で話し、相手を責めずに考えを伝えるのだということを忘れないで。

「聞いてくれてありがとう」。意見は対立しても、
こころはつながっていたいというきもちを表す言葉です。

ツネ子の場合
Tsuneko no Baai

わぁ〜〜 スッゴク キョーミ あるんだけどー 今週は ちょっとー
えぇえっとー 来週は メバチコだしー
ハ？
あぁっ じぶんの ウソに がんじがらめ にっっっ
くる
くる

ツネ子なあなたへ

本当は断りたいのに、興味があるふりをしてその場しのぎのいいわけをしていると、相手があなたの「ノー」に気づくまで、ずっと小さなウソをつき続けることになってしまいませんか。一時的ないいわけをするよりあなたの意見をきちんと伝えるほうがずっと誠実です。断るときは、あなたが何に対して「ノー」なのかはっきり伝えて。そのほうが、相手もすっきり受け取ることができます。話すときは簡潔にきっぱりと。いろいろと相手の出方を読んで駆け引きするより、人とのつきあいがずっと楽になるでしょう。

用事にかこつけてノーと言うのでなく、「私が……」で始めましょう。

ちから充電メッセージ 5

はっきり「ノー」と言ってみよう

「ノー」というのは勇気がいることです。ですから、一気に難しい「ノー」にチャレンジしないで、まずはなるべく小さな「ノー」を言い慣れるようにしましょう。

ここでは、率直に「ノー」と伝えるための方法を紹介します。

❶ 自分が「イエス」か「ノー」かを確かめるのに、相手の欲求を聞いたときの自分の第一印象がどうだったかを思い出して下さい。実は頭で判断する前に、「イエス」「ノー」はからだを通じて表れています。からだの正直な「ノー」を感じたら、それをすぐにうち消さないで「私はイヤなんだ」と認めましょう。

❷ その場であせって返事をしないで、「ちょっと待って」「考えさせて」と言って自分のために時間を取ります。

❸ 断ると決めたら、簡潔に率直に伝えます。口元で笑ったり、甘えた声を使ってごまかさないで、低い声で少しゆっくり話します。

❹ あなたが何に対して「ノー」なのかが相手にわかるようハッキリ伝え、誤解がおこらないよう責任を持ちます。

❺ 断った後ろめたさや相手への同情のためにうろうろしないで、話題を変えるかその場を立ち去るかして、「その話はおしまい」と伝えます。

大事なのは、率直な「ノー」は相手の要望を断るだけであって、相手自身を拒絶したり否定するのではないということです。相手がまちがっているから、ヘンだから、嫌いだからではなく、「私がノーなのだ」と伝えましょう。

こころのちから
Kokoro no Chikara
Message 6

「私は、まちがえてもいい。」

「まちがいや失敗は許されない」と、
思い込んでいませんか？
重要なのは「まちがえない」ことではなくて、
「まちがいを認められる」ことです。
「まちがっている」と批判を受けたときに
「その通りだな」と思ったら、
そのひとことをそのまま相手に
伝えてみませんか。

Message 6

私は、まちがえてもいい。

Shikako no Baai

しか子の場合

だいたい
配達のにーちゃんかって
おかしいナー？
ってわかるやろ？
たしかめろよっ
せやろ？
私は悪くナシ!!
キッパリ
せーの…

しか子なあなたへ

協力プリーズ♥

まちがいに気づいたとき、とっさに「私ではない」と否定したくなったり、認めるにしても、「でも私だけの責任ではない」と頑固に言い張りたくなったりしませんか？　たしかに、誰かのせいにできれば、少しは気がラクなるかもしれません。でも本当のところは解決しませんよね。

「1人で失敗を引き受けることへの怖さや孤立感」を感じているからこそ、ついつい人は頑固になってしまいます。ですが、まちがいは誰にでも起こるもの。まちがったからといって、何かに負けてしまったわけではありません。1人で背負わないで、みんなに助けてもらいましょう。「困っている人を助けてあげたい」と思っている人は必ずいることを信じましょう。あなたの持ち前のパワフルさは、助けを求めるときにも役に立つはずですよ。

「私、大失敗しちゃったよ。どうしたらいい？　助けてほしい」と協力を求めましょう。

Kokoro no Chikara

Message 6

私は、まちがえてもいい。

こんな時

あなたならどうする?

ツネ子の場合

Tsuneko no Baai

?
169ページ
自分がされたらイヤなのに同じことを相手にしてどないすんねん!!
by「人として」

ツネ子なあなたへ

「彼はいつも○○だ」と思っている相手に反論されると、くやしいきもちと恥ずかしいきもちが混ざって、何か言い返したくなるかもしれません。でも、「今ここ」ではどうかに注目しましょう。まちがったのは今のあなたの発言だけであって、あなたの人格すべてが否定されたのではありません。たしかに今、私がまちがったのなら、まずはその事実を認めること。皮肉な目つきをしたりそっぽを向いて言い放つかわりに、まっすぐ相手を見てうなずくなどして、納得したことを伝えましょう。「どちらのほうがまだましか」などのバトルになだれ込んでも、2人の関係がいい方向に向かうわけではありません。批判を受け取る姿勢をその場で「私」が率先して取りましょう。相手に対して同じ要望があるのなら、あなたがよいモデルを示すことはなおさら大切です。

ちから充電メッセージ 6

「批判」を受け入れる

人から失敗やまちがいを指摘されると、私たちは動揺したり不愉快に感じて、素直にそれを受け取ることができません。つい「そっちこそ」と言い返したり、無視して聞こえないふりをしてしまいたくなります。また反対に「何もかも私が悪かった」と引き受けて、相手に許してもらえるまで小さくなってしまうこともあります。けれども、これでは誰が悪いか「犯人さがし」をして責任を押しつけあうだけで、事態を改善することにはならないのではないでしょうか。

「たしかに私の失敗だ」と思ったら、その事実を引き受けて「その通りです」と認めましょう。

それは「私が悪い」とひたすらあやまるのとは違って、「私が率先して問題を解決します」と認める態度です。また失敗したときに感じる否定的な感情を、「見せまい」とがんばることもありません。「ああ、どうしよう」「大変なことになってしまった」「迷惑をかけて申し訳ない」などと、きもちを率直に伝えていいのです。このように言うと、必要以上に「守り」に入らなくてすんで緊張がほぐれ、かえって前向きになりやすいという効果もあります。

大切なのは「1人で解決しよう」としなくてもよいのだということです。自分の失敗にオープンになると、人に助けを求めることができるようになります。誰でも失敗したりまちがったりした経験があるのだから、「こんなときはどうしたらいい?」と積極的にアドバイスを求めましょう。困っている人が1人でじっと耐えているのと「助けて」と協力を求めるのでは、あなたはどちらの方が手をさしのべやすいでしょうか。

「ピンチはチャンス」と言うように、「私」にとって厳しい危機的な状況は、これまでと違う何かを手に入れる大きなチャンスです。まちがってもいいのです、それを乗り越えて次へ進みましょう。

こころのちから
Kokoro no Chikara

Message 7

『私は、きもちや考えが変わったら、無理にがまんせずに、決めたことを変えていい。』

一度決めたことを、「やっぱりやめたい」と伝えるのはすごくむずかしいと感じます。
「相手に迷惑をかける」「信用を失う」……
そんなことはなるべく避けたいと思うからです。
でも、もし自分の意志にそぐわない決定をしてしまったことに気づいたら、そのきもちに正直になって、これまでと違う決定をすることも大切なのではないですか。

Message 7

私は、気持ちや考えが変わったら、
無理にがまんせずに、決めたことを変えていい。

うさ子の場合

ゆっくりでもイイじゃん♥
自分のキモチをまず伝える

うさ子なあなたへ

「相手に迷惑をかけたくない」が強くなると、もうどうすることもできないと思ってしまうかもしれません。でもたとえ今回目をつぶっても、いつか別の形で同じテーマに向き合うことになるのではありませんか。ならば、気がついた今こそ「私の内なる声」をちゃんと聞いてあげて下さい。

まずは、相手にきもちを伝えるのが第一歩。もし「心配しすぎ、考えすぎ、どうにかなる」など問題をはぐらかすような応答をされたとしても、それで納得しなくていいのです。迷うことはあるでしょうが、話の途中で相手の顔色を見て「やっぱりいい」などと投げ出すと、それこそ迷惑をかけてしまいます。あなたが提案した新しい考えには責任を持ち、少しずつでも話を進めましょう。「やり直し」に、遅すぎることはありません。

Message 7

私は、気持ちや考えが変わったら、
無理にがまんせずに、決めたことを変えていい。

しか子の場合

Shikako no Baai

しか子なあなたへ

「一度した約束を破るわけにはいかない」と固く決めてはいませんか？　でも、どんなに大事な約束でも、あなたの幸せ以上に優先すべきなものがあるでしょうか。決めたことに責任を持つ態度は立派ですが、「約束を果たすか、さもなければ関係を解消するか」のような「白か黒か」の判断をすると、かえってあなたの思い込みで相手をふり回し、本当に迷惑をかけることになってしまいます。誰でもきもちや考えは変わるものだし、あなたも例外ではありません。それを許した上で、1人だけで結論を出さないで、相手に相談を持ちかけましょう。相手にとってもあなたの思いを知ることは大事ですから。

「こうするしかない」と結論だけ話すのでなく、「こう考えているところ」と経過を話しましょう。

ツネ子の場合
Tsuneko no Baai

自分からは言いにくいから……
私は何も言ってません
同居はムリぴょーん♥
しーん…

ツネ子なあなたへ

きもちが変わったことを伝えたいけど、自分から言うのは……と、誰か別の人からその提案が出ればいいなと思っていませんか？　あるいは「私はかまわないけれど、○○が困るから」と遠回しに変更できればラクだなと考えるかもしれません。でもこれでは「本当のところあなたがどう思っているかの話」ができないために、誤解や混乱が生じる危険があります。「私」が望むことを、他の人を通して実現することはできません。きもちや考えを変えたのは、他の誰でもない「私自身」とまずは認めましょう。人の背中を押すのでなく、あなたからスタートを切ってみませんか。

「あなたのことを考えて変えた」ではなく、「私が考えが変わった」と伝えましょう。

ちから充電メッセージ

7

選択し、責任を取る自由

あなたがものごとを決めるとき、いつもその場で正しく決められるとは限りません。ついまわりの人のきもちや状況にまどわされて、「私」に誠実に決めていない場合も多いのです。相手の考えのほうを尊重してゆずったり、「こういうものだ」と強く押し切られて、反論できないで決めてしまうこともしばしばあるでしょう。そのときはこれでいいと思っても、後で「ないがしろ」にした自分のきもちや要望がよみがえって後悔したり、しばらくしてからやっと「本当はこうしたかった」「あれは本心ではなかった」とわかって、いたたまれなくなることもあるかもしれません。

こうした「私のこころの声」を聞けるのは、他ならぬ「私」だけです。本当ははっきり聞こえているのに無視してしまうと、あなたのこころはどんどん苦しくなります。

「決定をまちがえた」と気づいたら、変更したほうがいいのです。そして同時に、考えを変えた責任も引き受けましょう。あなたの決定はまわりにも影響を与えることですから、相手の受け取り方にも注目し、必要に応じて話し合いを持ちましょう。

「きもちや考えを変えていい」というのは、ひとりよがりになって好き勝手にやりたい放題をすることとは違います。むしろ、いつまでも過去の決定にこだわらず、より正直で誠実な考えにしたがって、今後の関係をよりよく築こうとする態度ではないでしょうか。

考えを変えるのに遅すぎるということはありません。いつからでもやり直すことはできます。きもちや考えが食い違ったまま流れに飲み込まれるより、もっとあなたらしい人生を選択しなおしましょう。

こころのちから
Kokoro no Chikara

Message 8

『私は、わからないことがあったら、教えてもらっていい。』

誰かと話をしていてわからないことがあると、恥ずかしくて、
素直に「知らない」と言えないこと、よくありますよね。
でも「わかっているフリ」をしていては、
せっかくの「知る」チャンスを見逃すことになります。
思い切って「教えてほしい」と言ってみませんか？

Kokoro no Chikara

Message 8

私は、わからないことがあったら、
教えてもらっていい。

お手数ですが
切手を
お貼りください

郵便はがき

1 5 0 - 8 4 8 2

東京都渋谷区恵比寿4-4-9
えびす大黒ビル
ワニブックス 書籍編集部

お買い求めいただいた本のタイトル

本書をお買い上げいただきまして、誠にありがとうございます。
本アンケートにお答えいただけたら幸いです。
ご返信いただいた方の中から、
抽選で毎月５名様に図書カード（1000円分）をプレゼントします。

ご住所 〒

TEL（ - - ）

（ふりがな）
お名前

ご職業

年齢 歳

性別 男・女

いただいたご感想を、新聞広告などに匿名で使用してもよろしいですか？ （はい・いいえ）

※ご記入いただいた「個人情報」は、許可なく他の目的で使用することはありません。
※いただいたご感想は、一部内容を改変させていただく可能性があります。

●この本をどこでお知りになりましたか?(複数回答可)

1. 書店で実物を見て　　2. 知人にすすめられて
3. テレビで観た(番組名:　　)
4. ラジオで聴いた(番組名:　　)
5. 新聞・雑誌の書評や記事(紙・誌名:　　)
6. インターネットで(具体的に:　　)
7. 新聞広告(　　新聞)　　8. その他(　　)

●購入された動機は何ですか?(複数回答可)

1. タイトルにひかれた　　2. テーマに興味をもった
3. 装丁・デザインにひかれた　　4. 広告や書評にひかれた
5. その他(　　)

●この本で特に良かったページはありますか?

[　　]

●最近気になる人や話題はありますか?

[　　]

●この本についてのご意見・ご感想をお書きください。

[　　]

以上となります。ご協力ありがとうございました。

Usako no Baai うさ子の場合

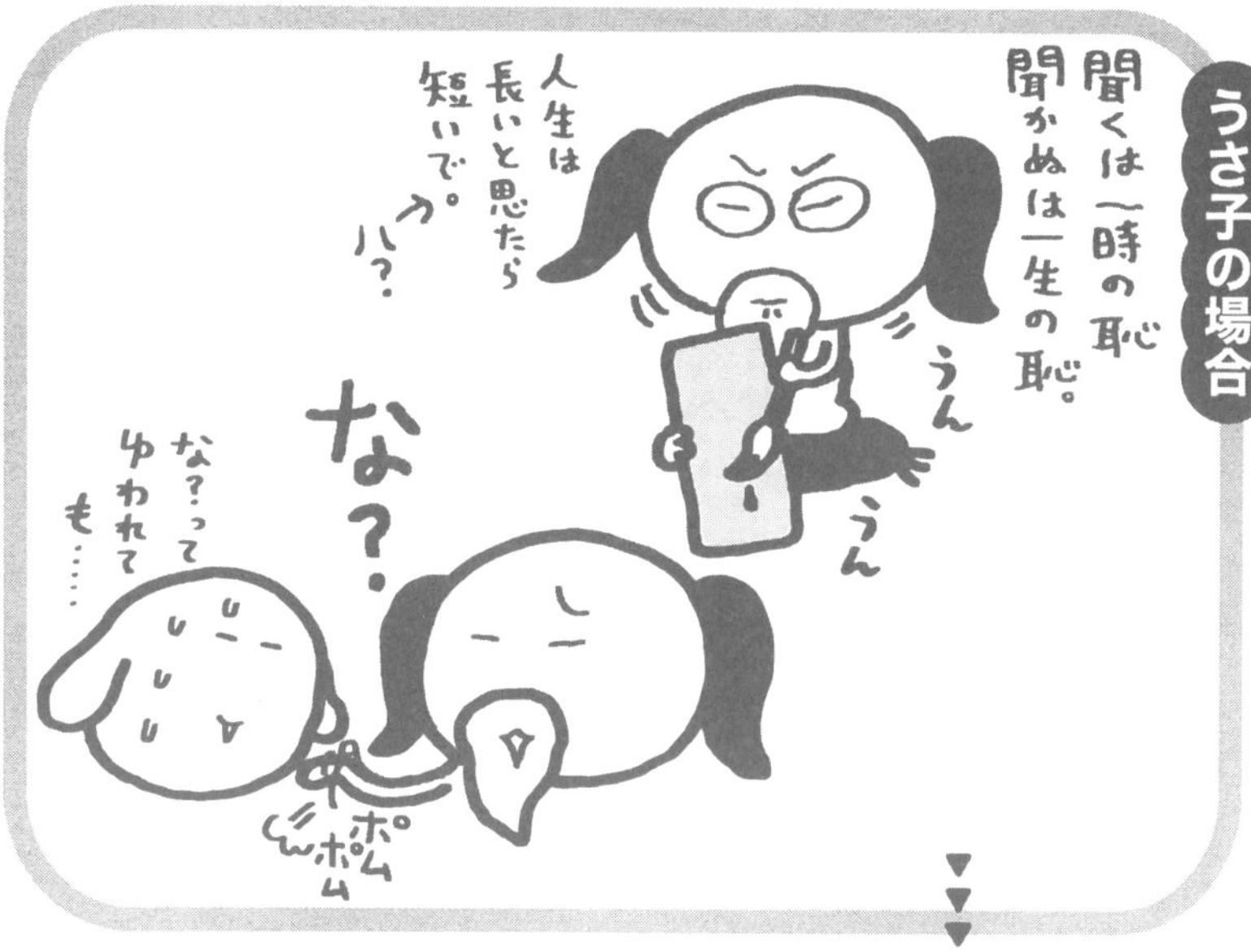
聞くは一時の恥
聞かぬは一生の恥。
うん
うん
人生は長いと思たら短いで。
ハ?
な?
な?ってゆわれても……
ポムポム

うさ子なあなたへ

遠慮のきもちや、「私が知らなくても支障はないだろう」という勝手な思いから、わからなくてもだまって笑っていたりしてしまいませんか？　でも話についていけない内心の不安や情けないきもちは、自然に表情に表れてしまいます。自信のなさが伝わって、本当に他の人もあなたを重要と認めなくなるかもしれません。あなた自身を低く見積もったり遠慮するのをやめて、わからないことは聞きましょう。そこからあなたの知識も増え自信にもつながるのだから、勇気を出して聞いていきましょう。

私は、わからないことがあったら、
教えてもらっていい。

しか子の場合
Shikako no Baai

だいたい ここは 日本やねん から 日本語で ゆえよっ なあ?
ナス
ダック
…
日本語で ゆーても わからんの ちゃうん…
しーん

しか子なあなたへ

居心地の悪さを味わいながらも「知らないなんて絶対言えない」と考えていませんか？「うっかり発言もできない」と緊張でいっぱいになって、それでもがまんを続けているとフラストレーションがたまってしまい、本題以外のところで八つ当たりしたり、その場を混ぜっかえすような発言をしてしまうかもしれません。それよりはストレートに「わからないので教えてください」と要望を出してみませんか。あなたが質問することで、案外他の人も助かるかもしれません。人と能力を比べて争っているより、あっさり聞くという率直さにあなたのちからを使ったほうが、ずっと魅力的ではないですか？

Tsuneko no Baai

ツネ子の場合

ツネ子なあなたへ

わかる努力を続けていても、知らないことはたくさんあります。例えば「わかっているフリ」をして適当にうなずいたり、しかつめらしい態度で威厳を保っていても、心の中は揺れてしまいます。あなたがリラックスしてそこにいられるためにも、周りの人の知恵や知識をもらって緊張を解きましょう。あなたにとって必要な情報は、いつでもどのような方法でも手に入れていいのです。「わからないことがあるので説明をお願いします」と率直に聞きましょう。理解を得る方法としてスピーディーでスマートだと思いませんか？

ちから充電メッセージ 8

「わからない」からスタートしよう

「わからない」のは頭の悪い証拠と自分を責めたり、「あの人がわかるのに私がわからないなんて悔しい」と能力を比べて悩んでいませんか？　たしかに「わからない」「教えてください」と言うのは恥ずかしく、勇気のいることのように感じますが、それは「わからない＝悪いこと」のような印象を持ってしまっているからです。

「わからない」と主張している人が「手がかかる」「うるさい」と疎まれたりすることがあるのを見ると、みんなと合わせて「わかったフリ」をして、その場をやり過ごした方が無難だと思ってしまいます。

「どうせわからないから」と投げやりになってしまうこともあるでしょう。でも内心は「いつかわからないのがばれてしまうのではないか」「私だけがわかってないのではないか」と心配で怖かったり、ひとりぼっちを味わったりします。でも、何でも知っている人なんてどこにもいません。「わかりません」と正直に話して、必要な情報をもらうのは当然のことなのです。

実際「知らないので教えてほしい」と言ったら、そのときとは限りませんが、思わぬところからメッセージが届いて、わからなかったことがわかるようになったという経験はありませんか？「知りたい」というメッセージは人々の中に流れ出て、やがて発信したあなたの元へ情報を返してくれるように働いているのではないでしょうか？

大人になった私たちは、子どもの頃のように怖がったりせず「知らないことがあってもいいし、知りたければ聞けばいい」というオープンな態度を取ることができるはずです。知らなかったことを知る楽しさや新しいことを手に入れるおもしろさを、これからますます味わっていきませんか。

こころのちから
Kokoro no Chikara

Message 9

『私は、自分の一番の希望を、いつでも相手に伝えていい。』

「私はこうしたい」「私はこれがほしい」などと言うのは、
わがままだと思いますか？
いいえ、そんなことはありません。
「私はこうでなくてはイヤ！」と頑固に言い張るのと違い、
私にとって最もよい条件を相手に伝えることは、
誠実な話し合いの第一歩になります。

Kokoro no Chikara

Message 9

私は、自分の一番の希望を、いつでも相手に伝えていい。

こんな時

今年の夏の休暇は3人でバカンス!!
バ・リ♥
でイイよね?
わかったわかった
へーへー
と思ったら希望の日程はセンパイたちがしめていた……。
夏期有休予定表
ええ?!ん
ナニ?
ひっ
センパイたちが1日ずつだけでもずらしてくれたらイイんだけど……
そんなんセンパイやからってズルイ~
誰が言うのか?きいてもらえるのか?
なんか用おお~~?
いえっべつにっ何もっ

あなたならどうする?

Usako no Baai

うさ子の場合

…
ナメクジ？
塩
ぐちぐち
ぐち
ぐちぐちぐち
ぐち
ブツ
ブツブツ
ブツ
ブツブツ

うさ子なあなたへ

あきらめて何も言わずにいても、不満なきもちはどこかに残ります。後になって「本当は……がよかったんだけど」とグチをこぼしたくもなるでしょう。誰かがあなたのかわりに交渉したり思いを伝えてくれればラクですが、「人任せ」ではやはり希望通りにいきません。他の人が一番の要望を出していいように、あなたも出していいのです。そのとき、「別に大したことではないのですが」などと引き下がった言い方をするのはやめましょう。話し合いの始めには、自分のきもちに素直な、一番の要望を出していいのですから。

「私はどうでもいい」ではなく、「私の一番の希望は……です」と言いましょう。

Message 9

私は、自分の一番の希望を、
いつでも相手に伝えていい。

しか子の場合 Shikako no Baai

しか子なあなたへ

「こっちがいつも不利」などと対抗意識で立ち向かうと、結果ばかりを得ようと焦ってしまいがちです。意見の食い違いがあったりどちらかに負担が出そうなときは、まず起こっている事実だけを受け取り、冷静になりましょう。交渉は闘いではなく、話し合いの場です。話の展開によっては、どちらの希望も通るようコーディネートすることも考えられます。たとえどちらかが譲ることになっても「話し合って決めた」ことで、納得がいくのではないでしょうか。対等に話し合えれば、どちらにしてもスッキリできるはずです。

「絶対……するべき」ではなく、「今回の件では……したい」と話しましょう。

ツネ子の場合

Tsuneko no Baai

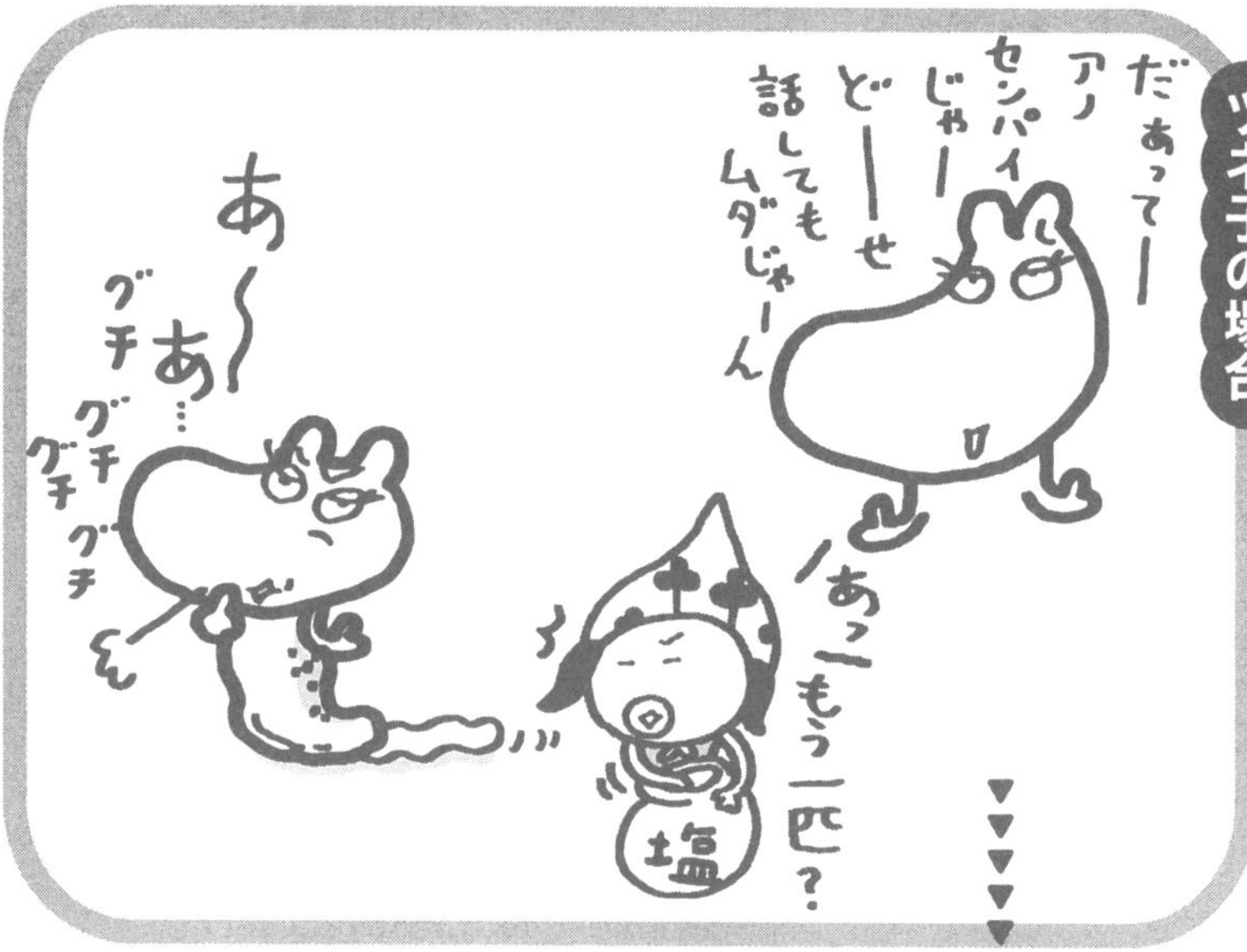
だぁってー
アノ
センパイ
じゃー
どーーせ
話しても
ムダじゃーん
あ〜あ…
グチグチグチグチグチ
あっ〜もう一匹？
塩

ツネ子なあなたへ

「あの人とは話してもムダ」と決め込んでしまうと、話し合う余地もなくなってしまいます。あきらめたつもりでもどこか後味の悪さが残るでしょう。のちのち引きずるくらいなら、最初に交渉してみませんか。「言うべきことはきちんと言う」態度で接すると、相手も話しやすく感じます。たとえ希望通りの結果でなくても、今回の話し合いの「成果」は受け止め、次のステップにしていきましょう。あなたの一番の希望を出して話を始めれば、妥協案にまとまっても納得しておわれるのではないですか。

「こんなことぐらい、言わなくてもわかるはず」と言うのはやめましょう。

ちから充電メッセージ 9

「まっすぐ」向き合う

「こんなことは言わなくてもわかって当然」とか「あんなことを言うなんて、きっとこう思っているに違いない」など思い込むと、話し合いはうまくいきません。なぜなら誰も他の人の「本当」のきもちを正確にキャッチすることなどできないし、自分の基準で相手を解釈していると誤解を生んでしまうからです。

また「今は言うべきじゃない」「相手も悪気はない」「うるさい人と思われたくない」とさまざまな理由を付けて話し合いを避けるのは、「自分が話の責任を取りたくない」という逃げ腰のきもちからくるいいわけです。「今度こそはっきり言おう」と決めても、次のときには前より言いづらくなってしまうかもしれません。

話しにくいことを相手に伝えるときには、後回しにせずそのときに伝えたほうがうまくいきます。ここでは、よい話し合いをするための方法を紹介しましょう。

❶ 話し合いのときと場所を持ちかけ、相手に心づもりをしてもらいます。
❷ 客観的な事実を話し、次にそれにまつわるきもちを伝えます。
❸ こちらの一番の要望を伝えます。
❹ 相手の応答を受けとめながら、その場で妥協案を見つけていきます。
❺ 最後は肯定的な言葉、「話し合えて嬉しかった」などでしめくくります。

「ほしいものをほしい、したいことをしたい」と伝えてお互いの要望がわかると、ウラを考えたり、言わないでいるきもちを汲んだりしなくてすみ、歩みよりがシンプルになります。うまく話し合えた相手とは、その後の関係もよくなるかもしれません。ぜひチャレンジしてみて下さい。

こころのちから
Kokoro no Chikara

Message 10

『私は、人の悩みを、自分のことのように背負わなくてもいい。』

思いやりのきもちは本当に大切ですが、
いつしかそのきもちが「義務」になって
「人を助けなければならない」と
思い込んでしまいませんか？
人の悩みは、
「私」が解決できることではありません。
引き受けられるのはどのくらいか、
自分で判断して「境界線」を引くことが、
ときに、本当の思いやりに
なるのではないでしょうか。

Message 10

私は人の悩みを、
自分のことのように背負わなくてもいい。

うさ子の場合
Usako no Baai

あんたどっちの味方なの?!
シャーーッ

うさ子なあなたへ

やさしいきもちで相談役を引き受け、役に立とうと一生懸命になってあげるのはステキなことです。あなたにとって「誰かのためにがんばれる私」は理想的な姿かもしれませんし、解決しないときには「私のちから不足では」と気になって、ますます熱心に協力したいきもちになるかもしれません。でも相手にしてみれば、あなたの友情には感謝しても、犠牲を払ってほしくはないでしょう。あなたが疲れを感じるようなら「私には無理」なのかもしれません。そんなときは「相手に悪い」と思うのはやめ、人の悩みを手放す勇気を持ちましょう。

「相談にのってあげたいきもちはあるけど、今は無理」と伝えてみてはどうですか？

Kokoro no Chikara

Message 10

私は人の悩みを、
自分のことのように背負わなくてもいい。

しか子の場合

Shikako no Baai

そーだ♥
「トロ子」って
名前を
変えたら??
「はや子」
「スバヤ子」
とか??
うーーん….
…
しーーん….

しか子なあなたへ

人から相談を持ちかけられると、放っておけず「なんとかしてあげたい」と思い、解決策やアドバイスを考えてあげたくなるかもしれません。けれども、しょせんアドバイスはアドバイス。本当の解決策は当事者が見つけるものです。解決するちからは、悩んでいる本人がもっています。あまり入れ込むと、そのうち「これほど協力しているのに解決しない」と非難や文句を言いたくなることがあります。そう感じたらもう潮時です。退散しましょう。あなたの問題ではなかったはずなのに、いつの間にか巻き込まれてしまったからです。「私」の手に負えないことを認め、関わるのをおしまいにしましょう。

「よけいな口出しをしてしまいそうで、それはイヤなの」と伝えましょう。

ツネ子の場合
Tsuneko no Baai

見えましたっ!!
この相談は私にしてもムリムリムダですっと出てますぅ〜〜〜ッ
しーん…

ツネ子なあなたへ

内心関わりたくないと思っても、「立場上」つき合わなくてはならないこともあるでしょう。でもイヤイヤ聞いていると、つらくて「もういい加減にしておけば」とイヤミや皮肉を言ってしまいたくなるかもしれません。相手を非難したくなったら、もう相談に乗るのは限界です。これ以上つき合うと相手を攻撃してしまいます。相手は本来相談に乗ってくれていたはずのあなたの態度に敏感になり、傷ついたり居心地悪さを感じてしまいます。センスや生き方が違う人だと割り切って、手助けするのはおしまいにしましょう。「境界線」は、あなたも相手も守ることになるのですから。

ちから充電メッセージ 10

「思いやりの落とし穴」

自分より相手を優先して相手の要求を満足させようとがんばると、いつしか「思いやりの落とし穴」にはまってしまうことがあります。「思いやり」を発揮するうち、人の悩みに巻き込まれ、あなたがゆううつになったり怒ったりしてしまうのです。そんなときは、もう引き受けられる限界が来てしまったのだと認めて、「境界線」を引いてみませんか。「ここまでは、OKだったけれど、ここからはもう無理」と言葉と態度で示しましょう。相手は頼りにしていたので最初はがっかりするかも知れませが、無理をしてつき合っても結局よい関係はつくれません。しばらく距離を置くことも、ときには必要なのです。人と人のこころには適切な距離があり、相手が望んでも自分には近すぎて苦しかったり、逆にこちらがもっと近づこうとすると、相手は侵入されたと感じることもあります。あなたが「苦しい」と感じたら、自分からちょうどいい距離感へ戻りましょう。距離を保つことは関係や友情を断ち切ることではなく、むしろ長くよい関係をつくろうとすることなのです。

また、相手のことを「私がいないと何もできない人」と思って世話を焼くと、かえってコントロールしてしまうことになります。相手を萎縮させたり、やる気を失わせて「人任せ」にする態度を身につけさせてしまうこともあります。

悩みを解決するために必要なちからは、悩んでいる本人が必ず持っています。「人の悩みを、自分のことのように背負わなくていい」とは相手を見捨てることではありません。相手のちからを信頼し、相手を自由にして手放すことです。あなたが「境界線」をちゃんと引くと、相手はもっと有効な手助けや解決策を求めて、他の人や場所を探し出します。だから相手のことは大丈夫。あなたは「落とし穴」から抜け出しましょう。

こころのちから
Kokoro no Chikara

Message 11

『私は、周りの評価を気にせずに、自分の考えややり方を伝えていい。』

「人に認められたい・好かれたい」というきもちは
とても大切です。
けれども人からの評価を気にするあまり、
したいことをせずにがまんしたり、
いいたいことを言わないでいるのなら、
そのきもちは「私」の自由を奪う、
窮屈で息苦しいものになってしまうのではありませんか？

私は、周りの評価を気にせずに、
自分の考えややり方を伝えていい。

こんな時
カフェには
ギャルソンもいるよーに
いらっしゃいませっ
「お茶出し」に女も男も
ナイ!! ハズ!!
ハテ？
なのに会社では
ナゼ
女のしごとにされるのか？
それにペーペーが出すより
社長とか部長とかが
もしお茶出ししたら
その方が
客も
「めっそーもナイっっ」
とかゆって もっと
ありがたがるかもよ？
ひょえーっっ
社長の茶
ガラッ
お茶は!?
マダ？
あっ
ただいまっっ
ジョー
うん
うん
ニャニャ
………
あなたならどうする？

Usako no Baai

うさ子の場合

うさ子なあなたへ

他の人がどう思うかより、あなた自身の考えはどうですか？　もしあなたが「誰がやってもいいことで、私だけが引き受けているのは負担」と思っているのなら、その考えを大切にして下さい。まずは言いやすい相手に話してみましょう。きもちや考え、要望を伝えます。そして同意してくれる相手には、協力を頼みましょう。ここで「やっぱり悪いから」と引き下がらないで、遠慮はなしに。でも「思っていても言えない」と感じることがあります。そんなときは、無理して言わなければならないことはありません。その思いを大切にしまっておくこころの場所をつくってあげて下さい。そして話せるチャンスを待ちましょう。

Kokoro no Chikara

Message 11

私は、周りの評価を気にせずに、
自分の考えややり方を伝えていい。

こんな時

ホームパーティーって
料理とおしゃべりをみんなで楽しむってコトでしょー？
およばれワイン♥
会話のとちゅーで席立ってまで手伝わなくってもイイんじゃナイの？
あっ
手伝うわ〜♥
スクッ
そんなに家庭的な女♥ってアピールしたいのかしら？
あざといっ
あざといわっ
私はちがうわっ
バンッ
バシャッ
ビクッ
でも私もちょっとはアピ〜ルしたいからかっぽう着でも着とこーかしら♥
うふ どぉ？
クネッ
どぉってきかれても……
しーん…

あなたならどうする？

Tsuneko no Baai

ツネ子の場合

ツネ子なあなたへ

あなたも反射的に「みんなと一緒にしなくては」と応えてしまうのをちょっと待って。「ズキッ、ムッ」など言葉にならない重たさや鋭さを感じたら、これらはすべて「ノー」のメッセージです。「私はどうしたいか」と「私」に聞きましょう。あなたにも「女は……すべき」という思いこみがあるかもしれませんが、同時に「私は……したい」という考え方もありますよね。あなたは自分にとってよい時間の過ごし方を自分で決めて、そうしていいのです。他の人とやり方が違っていても、一緒にきもちよく過ごす方法はいくらでもあります。

Kokoro no Chikara

Message 11

私は、周りの評価を気にせずに、自分の考えやり方を伝えていい。

こんな時

今日は すごく疲れたので
バスを一本おくらせて
すわった♥
と思ったら
目の前に 妊婦さんに
立たれてしまった………
フゥー
かわるでしょ~
じっ
じっ
パ~ッ

そんなん

なっなんかズルイっっ

って感じるワタシってヘン?!

あなたならどうする?

Shikako no Baai

しか子の場合

「たすき」をかけてみるとか…？

しか子なあなたへ

あなたが居心地の悪い思いを感じたのは、あなたに向けられた周りの勝手な思い込みに対してでしょう。でも「私」の事情がわかるのは「私」だけ。わかっているならそれを一番大切にしましょう。あなた自身をさしおいて、周りの常識や期待に応える必要はありません。もしかしたらあなたの居心地の悪さの元には、周りの期待に応えて「いい人と思われたい」という別のきもちがあるからなのかもしれません。たしかに「いい人」であることは大切ですが、それに囚われてしまうのはやめましょう。あなたを大切にすることは、あなた自身にしかできません。まずそれを認め、そうすることを許してあげて下さい。

私は、周りの評価を気にせずに、
自分の考えややり方を伝えていい。

こんな時
あなたは「かわいくナイ」と言われたコトがありますか?
なんやて?
ピクッ
そんなコトもしも自分の彼氏が言おーものならぶったたいてオワリですが
なんかゆーた!?
え?
バシコッ
なんでつきおーてんの?
会社の会議の中での私の発言を「あーいう意見のしかたはかわいくナイなー」
なんてゆわれた日には……!!
ハ?!
ちっちっ
これって一種のセクハラ?!
アホな上司はどないしたらえーねん!!
ムウ〜〜ッ
あなたならどうする?

ツネ子の場合

Tsuneko no Baai

ツネ子なあなたへ

鋭い短いひとことで見下されると、言われた本人は一瞬何が起こったのかわからないかもしれません。そのためその場でうまく対応できず、後から怒りや悔しさが沸き上がってくることもあります。でも「相手をへこませること」が目的の言葉にはまともに取り合う必要はないのです。人の意見を尊重して聞くことと、差別や見下しを受け入れることはまったく別です。とっさに謝ったり真意を確かめようと聞き返さず、「ヘンだ」と感じたら最初の否定的な感情を大切にし、ひとこと「それは違います」と伝えましょう。あるいは何も言えないかもしれませんが、それでもかまいません。とにかくそれ以上傷つけられないよう相手から離れましょう。あなたの直感を「私の思い過ごし」などと取り下げてしまわずに、大切に使いましょう。

ちから充電メッセージ 11

「私らしさ」を生きるために

「人に嫌われたくない」と相手の期待通りにしていると、長い間のガマンがいつか形を変えて表れ、ゆううつになったりやる気をなくしたり、ときには深い恨みや怒りの火種にまで発展してしまうことがあります。また体調を崩したり頭痛や胃痛で健康を害する可能性もあるでしょう。いくら人の期待に応えたくても、私自身を傷つけてまでする必要はないのではありませんか？　世の中には「常識」に名を借りた勝手な決めつけ、非難、見下し、けなし、差別がたくさんあります。「何かヘン」と感じるのは、それら「不当な批判や差別」を、あなたのちからがかぎ分けたからなのです。だから、すぐに打ち消さず、直感が伝えようとするメッセージにきちんと耳を傾けてあげて下さい。違和感を感じたとき、「それは違う」とはっきり言うことは、あなたのこころと体を守ります。言いづらかったら、「それは違います」と、声に出して言う練習をしてみるのもいいでしょう。鏡の前にしっかり立ち、口元を引きしめ、まっすぐ目を見て、低い大きめな声で、落ち着いたトーンで、ゆっくり、くりかえします。次第に、私の中から確信に満ちたちから強さと愛情が沸き上がるのを感じることができると思います。そういう状態になって初めて、相手と対等に向き合う姿勢が実感できているのです。ひとたびこの感覚が目覚めて働き始めれば、イキイキとした自分らしさが、とても自然に出せるようになっているのではないでしょうか。人に認められることを当てにしなくても、生きていくことはできるのです。もちろんいろいろな場面で、人と違うことに孤独を感じることはあるでしょう。でもあなたらしい考えに正直になって行動すると、そのうち、そんなあなたに共感する人々に必ず出会うことができます。新しい思想や活動はいつもそのようにして生まれ、広がってきました。あなたもそうした新しい価値の創設者になるのかもしれませんよね。あなたの可能性をつみ取らないよう、あなたの考えやきもちを信じ、できるときには表現していきましょう。

こころのちから
Kokoro no Chikara

Message 12

『私は、私のままでいい。』

「自分を大切にしなければならない」

「イヤなことはイヤと言わなくてはならない」

「自分の考えをしっかり持たなくてはならない」

そんな風にがんばっていませんか？

でも「こうでなければならない」ことなど、
実はひとつもありません。

私は、私のままでいい。

「ありのままの私」って
どんな「私」?
…
アリのまま
「ホントの私」って
どんな「私」?
いちばん
すなおで
自然で
いられる時、
それが
「ホントの私」
だと思う。
うん
うん
それでは
「今日の私」は
どーでしたか?
サッ
今日はっ
ちょっと
スナオじゃなかったよーな
気がするけどっ
つかれてたしっ
…と、ちょっとちがう
「私」だったかもしれない。
なんだか
つい
調子のイイことを
言ってしまって
ぜんぜん
オッケー!!
もー
まかして
チョ♥
あとでイナズマのように
後悔してる「私」だったかも
しれない。
…
…スイマセン
できませんでした……
でも
それが「私」。
ありのままの
ホントの
「私」自身。

「こうしたい」「こうなりたい」と思って
やってみる。
がんばってみる。
それはもちろんステキなコト!!
でも とらわれすぎないで。
～「しなければならない」なんてコトは ないのだから。
するもしないも「私」の自由。
結果をひきうけるのも
結局は「私」自身だから。
どうして「私」は いちいち
なやんでしまうんだろう?!
って思う時もあるけれど
それが「私」。
こころで感じるコト、
考えるコト、
ぜんぶが
世界で
ただひとりの
「私」
自身を
つくりあげて
いるのです!!
「自然でスナオ♥」
って どんなカンジ?
「ムリ」してないって
コトでしょーか
ムリせず せのびせず
今の「私」を みとめてあげる。
すべては
そこから
はじまるのです。

ちから充電メッセージ 12

「ありのまま」がステキ

私たちは、小さいときから、ずっとがんばってきました。大人から言われるように「勉強しなくてはならない」「いい子でなくてはならない」「言いつけを守らなくてはならない」とできるだけの努力をし、やっとのことで少しできたと思うと、すぐ次の「しなくてはならないこと」がやってきて、努力は永遠に続くかのように思われました。だから今、大人になって「もっと自由になっていい」と伝えられても、「私は自由でなくてはならない」と受け止めて、一生懸命自由になろうと努力してしまいます。「自分を好きでいていい」と言われても、「自分を好きでなくてはいけない」と聞いてしまい、自分を好きになろうとがんばってしまいます。そして「まだまだ自由になれない」「ちっとも自分を好きになれない」と、ため息をついています。

でも、そんなときはちょっと立ち止まって、ホッと肩の力を抜いてみませんか。それから落ち着いてメッセージに耳を傾けてみましょう。

「私は自由になっていい」、「自分を好きでいていい」というのは、「私はありのままでいていい」ということです。もっと自由になってもいいし今のままでもいい。それが自由です。もっと自分を好きになってもいいし今のままのおつき合いでもいい。それが「私を好き」ということ。どうしたいか「私が決めていい」ということです。

「私は、ノーと言っていい」というのは、言っても言わなくてもいいということ。「私はまちがえてもいい」というのは、まちがってもいいし、まちがわないようにがんばってもいいということ。あなたが決められることなのです。あなたには、世界の在りようを決めるちからが備わっていて、今もあなたの決めたように世界を見ています。あなたは、あなたなりの「ものの見方・考え方」にしたがって行動しているのです。これまで「はっきり言わない方がうまくいく」とか、「大声

を出さないと聞いてもらえない」とか、「人の言い分を聞いていては負かされる」などと考えて、あなたはそれに合わせて人とのつきあい方を決めてきました。そのほとんどが小さいときに身につけた「生き延び方」です。その中にはまちがっていたり、おかしいものもたくさんありますが、その考えがあったからこそ、あなたは行動し、ここまでやってこられたのです。つっぱったり、あきらめたり、怒りまくったり、いじけたり、いじわるしたり、ため息ばかりついたりしながらでしたが、そこには、その場その場で決断し、大変な努力をし、結果を引き受けてきたあなたがいるのです。あなたは自分のやり方で、本当によく力を尽くしてきました。だから今、何よりも「よくここまでやってきたね」と、あなた自身をねぎらいましょう。「私」のすることがまちがっていようが正しくなかろうが、「そんな私が大好き」でいいのです。そう言ってあげられるほど、「こころのちから」は、強くて、ほがらかです。だから大丈夫、いつも確信に立って正々堂々としていなくても、「ありのままの私」でOKです。

12のメッセージでは語りきれない

こころのおはなし

「怒り」は生きるエネルギー

「怒り」は生きるエネルギー

「怒り」を表現するのはむずかしいと感じませんか？　社会の中では、怒らないことが「大人である」と受け取られ、怒りを感じることさえいけないと考えられることが多いようです。たしかに「怒り」で暴言や暴力をふるい、人を傷つけることは許されません。でも、「怒り」を感じない人などいないのではないでしょうか。私たちは傷つけられたとき、差別を受けたとき、無視されたとき、だまされたとき、幸せを壊されたとき、誰かがひどい目にあっているのを見たとき、大切な人やものを失ったとき、人に怒りをぶつけられたとき、怒りを感じます。これはごく自然な感情で、自分の身を守り、安全を手に入れようとするこころの働きなのです。

私たちは、さまざまな感情体験を通して人としての成長をしていきます。「なるべくなら、怒りなど感じないでいたい」と思うこともあるでしょう。でも、人の痛みも喜びも共にわかちあえるようになるには、「怒り」を味わうことも重要なのです。体の成長にさまざまな栄養が必要なように、こころには豊かな感情体験が必要です。甘い「お菓子」ばかりでは病気になるように、さしさわりのない、フワフワしたきもちばかりでは「こころのちから」はしぼんでしまいます。「怒り」はパワフルさの源です。「怒り」を得体の知れない不気味なものとして扱うのでなく、私の生きるちからとして受け取り、表現してみませんか。

「怒り」と共にあるきもち

自分の望みが叶わないとき、私たちはイライラして葛藤を感じます。急いでいるときに長く待たされたり、休みたいときにうるさい物音がしたり、せっかくの誘いを断られたときなどに感じる、表に出やすい「怒り」。これはフラストレーションといわれるものです。また、これとは別に「人を傷つけたい」という衝動で暴力的、破壊的に表される「怒り」には、積もりに積もった悲しみや絶望感、無力感が、一緒に表れています。この「怒り」は過去に傷ついた体験から来ていて、うらみを晴らしたい、仕返しをしたい、傷つけてしまいたいと、自他を責めるきもちが働いています。「怒り」の背後にある痛みに耳を傾けてあげないかぎり、この感情はわだかまって、ことあるごとに表出してくるでしょう。またこれとは別に、「このままではイヤだ」「こんなことは許されない」「もっと幸せになりたい」と今の状況を否定し、もっと前進しようとして怒るとき、怒りは、問題解決に向かおうとする希望のちからとなります。自分だけでなく大切な人や仲間を守りたいという愛情や、またもっと大きく様々な命や自然を愛するきもちの表れでもあるのです。

「怒ってはいけない」と思うあまり、私たちはこの自然に備わっている愛するちからさえ発揮することがむずかしくなっているようですが、実はもともと「怒り」の根源には希望と愛があります。怒りを感じたら「私の怒り」の中身をよく見て、何に、誰に、どのようなことで、なぜ怒っていて、どうしたいのか、怒りに込められているメッセージを無視せず聞き取りましょう。

「怒り」を表現する

私たちは、「怒り」を隠しているつもりでも、そうと気づかずさまざまなやり方で表しているものです。人が集まる場所で何気なく口を滑らしたように同席者のうわさばなしをし、不和の種をまいてうっぷんを晴らしたり、大切なときにわざと遅れたり、せっかく誰かが喜んでいるときに「たいしたことじゃない」「喜んでいる場合じゃない」と水を差して気分を台無しにしたり、悩みごとや不満をエンドレスに持ち出し、相手に不愉快な思いをさせて満足するなど、これはすべてあふれ出てきた「怒り」のかたちなのです。「怒り」を感じること、それ自体は責められることではありませんが、「怒り」を感じてどのように表現するかには、あなた自身に責任があります。激情のせいにして「ついカッとなってやってしまった」と言ったり、相手のせいにして「あんたが怒らせた」と言うのは無責任な態度です。

表現するときはあくまでハッキリと、直接的に、が大切です。そして、怒っている相手にも自分自身に対しても愛情を忘れないで。「あきらめないこと」「希望を持ち続けること」「信じること」「願うこと」、これさえ忘れなければ、「怒り」によってなにかをプラスに転じることができるはずです。

「怒り」を表現する5つのステップ

1 「怒ってる」と気づきます。胸がズキッとしたり、頭がカッと熱くなったり、足元がぐらりと揺れたりするのを体で感じたら「あ、怒ってる」と即座に認めてあげて。ちょうど地震に気づいたときのように。

2 「怒ってる」と言葉にします。「腹が立った」「傷ついた」「イヤだ」など、私の中で起こったことを短い言葉で伝えます。姿勢、声の大きさやトーンは怒りの程度に合わせて下さい。黙って床を見つめたり、相手を睨みつけるのでなく、きもちを表す言葉で伝えます。

3 体のエネルギーを放出させます。そのまま相手にぶつけると攻撃になるので、相手と距離を取り安全な場所へ行きましょう。大声を出す、泣く、クッションをたたく、足を踏みならす、舌打ちをする、歩き回る、小石をけ飛ばす、運動をするなど程度に合わせて体を動かします。こうして体の感じたフラストレーションを下げて、相手と向き合う準備をしましょう。

4 「怒りの原因」になった事柄に取り組みます。まずは、怒りを感じた本人以外の誰かに話を聞いてもらって、何に対して、どのように、なぜ怒っているのか、自分の怒りの原因を探ってみて下さい。こういうときに話し相手になってくれる人を持つことは大切です。話を聞いた相手が心配するのではないか、大人げないと非難するのではないかと不安を感じることもありますが、聞いてもらうことで解決の糸口が見つかることは、とても多いのです。聞いてくれた相手には、こころから「ありがとう」を言いましょう。それで充分です。

「怒り」をひとりで抱えないで支えてもらうこと。困ったときに「助けて」と言えるのは強さです。

また、話す相手がいないときは、怒りの中身を紙に書いたり、絵や色で表すのも効果的です。

5 12のメッセージの方法を使い、相手にまっすぐ向き合います。きもちを話す、具体的な要望を伝える、相手のきもちを受け取る、適切な妥協案を提案するといった、これまでの方法が、この場合でもそのまま充分役に立つでしょう。もし同じ相手にくりかえし怒りを感じたり、似たような出来事をたびたび体験するようならば、「怒りの原因」には私の生育歴や相手との長い歴史が横たわっている可能性があります。積極的に、友人やカウンセリング相談を利用するなどして、助けや応援を求めましょう。その「怒り」には、きっと私の「こころのちから」からの大切なメッセージが込められているに違いありません。

「怒り」を受け止める

自分の「怒り」を認めるようになると、他人の怒りも受け入れられるようになります。必要以上にオロオロしたり、「相手を怒らせてしまった」と自分を責めたり、「大人げない」と見下す態度は減り、そのかわりに「ああ、この人は今怒っているな」と受け取り、その怒りにどのように関わるかを、自分で決めることができるようになります。大切なことは、いつまでも相手の怒りの犠牲にならないことです。相手の気が済むまでじっとしていたり、取りなしのためにあれこれ走り回る必要はありません。他人の怒りから身を守るため、その場を立ち去ってもいいのです。相手への同情のため、うろうろするのはやめてしまいましょう。

ほめる・ほめられる

「共感」のほめ言葉

ほめ言葉には、その人の持っているちからを引き出す働きがあります。ほめられると、すごくうれしくてポジティブなきもちになれますが、これはほめる側も同じ。人をほめるということは、その人の優れたところを自分から見つけられたということでもあります。自分を肯定するきもちがごく自然に芽生え、もっとがんばりたくなるでしょう。相手と、お互いのちからを出し合えるような関係を作りたいときには、ほめ言葉は大きなちからを発揮します。ですが、中には自分の能力を認められたときに、素直になれずそれを否定したり拒否してしまう人もいるようです。本当はここが自信を高めるチャンスなのに。相手はあなたを認めてくれたからこそ、ほめてくれたのです。ほめ言葉をもらったら素直に受け取って下さい。また相手のすばらしいところ、ステキなところに気づいたらそれを相手に伝え、勇気をあげましょう。

そうはわかっていても、実際人をほめたり、素直にほめられたりすることに抵抗がある人は多いと思います。なぜでしょうか?

これは、世の中に、ほめ言葉と一見とても似ている「おだて」や「お世辞」というものが存在するからです。

うっかり言葉通りに受け取ってしまって、逆に「お調子者」「傲慢」などと言われるのではないかと用心して、ほめてもらっても、「そんなことはない」と否定してしまったり、素直に受け取るとつけ込まれるのではないかと警戒してしまったり。また、ほめたつもりが「偉そうに」みたいに、逆に解釈されてしまうのではないかと考えてしまったり。

そんな気づかいのために、相手のいいところを見つけてもなかなか口に出せないのですね。

では、そう思わせないように、上手にほめたいと思ったら、では実際にどう言えばいいでしょうか。「ほめる」というと、私たちは「よくできた」「えらい」と言う評価の言葉を思い浮かべてしまいますが、他にも「共感を表すほめ言葉」があります。「すてき」「いいな」などの、ほめる本人の主観からなる、好意や同感、あこがれ、感動を表すほめ言葉です。このほめ言葉を使い、お互いを高めパワフルさを味わいましょう。

「共感のほめ言葉」を伝える4つのステップ

1 率直にほめます。ウラの意図を込めたり、損得勘定することなしに、相手のしたことで嬉しいこと、よいと思うことを具体的に伝えます。

2 誠実にほめます。「こう言えば相手が喜ぶだろう」「お世辞でも、言っておけば済む」などと自分のきもちをごまかしたりその場しのぎをしたりするのではなく、自分が本当に伝えたいと思ったことをほめ言葉にします。大げさではない小さなことや、ちょっとした感動を伝えます。

3 対等にほめます。結果だけではなく、取り組んでいるプロセスや一生懸命さなど、相手を対等に見て気がついたことをほめ言葉にします。また自分と比較したり、他との優劣ではほめません。

4 自分で決めてほめます。「相手が求めているから」「立場上言わなければ」ではなく、私が言いたいと思ったことを伝えます。相手が受け取るかどうかは、五分五分です。失敗を恐れずに、ほめ言葉を口にする回数を増やします。言い慣れるとテレや怖さを克服できるでしょう。

「共感のほめ言葉」を受け取る4つのステップ

1 シンプルに「ありがとう」と伝えます。気恥ずかしさやテレも正直に言葉にしてしまいましょう。

2 ウラを読みません。ほめ言葉を詮索していては、受け取ることも味わうこともできません。もし相手に別の意図があるように感じるのなら、率直に聞き返します。「それってどういうこと?」。判断に必要な情報は、求めていいのです。

3　ほめ返すことにとらわれず、充分にほめ言葉を味わいましょう。言った側も、受け取ってもらえたことで満足するのですから、今すぐお返ししようと焦りません。

4　過度に謙遜したり否定しません。「たいしたことではない」「ほめられるようなことではない」などと返すと、かえって相手のきもちを否定したり、見下す結果にもなります。

ほめられた内容が正しい正しくないの判断をするよりも、伝えてくれた相手のきもちを受け取りましょう。

「私を愛する」大切さ

回復するちからを発揮しよう

「ありのままでいていい」と言われても、なかなか素直に受け取ることができません。

人の「批判」を恐れるあまり、私たちはしたいことをせず、いいたいことを言わずにガマンしてしまいますが、それは手痛い批判を受けるくらいなら、目立たないようにしていたほうがいいと思うからです。

また、「ありのままでいていい」というメッセージは、「私がこのままでいて何が悪い。そっちだってたいしたことないくせに」と居直ることとは違います。居直りは今の自分に自信が持てず、人に何か言われるのが怖いばかりに、相手に対して強気になって突っ張っているのに過ぎません。でも、「自信のなさ」を見破られないために人に怒りをぶつけて紛らわしても、無力に見せかけてかわいそうな犠牲者の役を演じても、平気なフリをしてその場をやり過ごしても、「自信のなさ」は消えないのです。

失敗から回復するちから

私たちが小さかった頃、「ありのまま」は自然なことでした。そのためにたくさんの冒険をし、失敗したりまちがったりしました。でも、それでよかったのです。

ところが大人は子どもの失敗を叱るときに、その子のしてしまった行為だけでなく、よく人格まで否定してしまいます。「バカな子、ダメな子、悪い子、変な子、イヤな子、うそつき、泣き虫、へそ曲がり、頑固者」。

大人にとっては小言でも、小さな子どもの胸には鋭く突き刺さります。また、不用意に同じメッセージをくりかえし投げつけられると、子どもは、自分はダメな悪い子でもうかわいがってもらえない、嫌われてしまった、愛情を失ってしまったと絶望し、自分を大嫌いになってしまいます。脅しや罰は心の傷になり、大人になっても自分を好きになるのがむずかしくなります。こんな、ほんの小さいときのわずかな記憶が、成長してからも私たちを蝕むことは、悲しいけれど大変よくあることなのです。

私らしさを生きていくには、自分をダメと思うのでなく、自分にはちからがあると信じる、高い「自己信頼」が必要です。そう、これは、失敗しても成功しても、自分を好きでいられるきもちです。こうした「自己信頼」は、脅しや罰からではなく、肯定的なメッセージによって培われるものなのです。

大人になった私たちは、誰か他の人や天の声が「大丈夫」「きっとうまくいく」と、救ってくれるのを待ちません。もっと積極的に、ほかならぬ私自身が、自分に暖かいメッセージを送り、応援してあげて下さい。
ありのままの自分が傷ついているなら、大親友になってめげている自分のそばにいて、一緒に泣いたり、怒りに耳を傾けたり、後悔のきもちを受け取り、愛してそこにいてあげます。そして「まちがっても失敗しても、決して見捨てたり1人にしない」と自分自身に伝えましょう。

子どもの頃、失敗をしたときに誰かの膝で思い切り泣くのを許してもらっていたら、その愛情と安全の中で、私たちは自分を愛するきもちと失敗から回復するちから強さを、取り戻したに違いありません。でも大人になったら、泣かせてくれる膝を求めてうろついたり、怒りをぶつける相手を捜すのではなく、今度は「私を好き」という「自己信頼」の膝の上で自分自身のきもちと向き合い、回復のときを過ごしましょう。

間違いや失敗は乗り越えられます。たとえそれがこれまでにないほどの大失敗だとしても、きっと、解決策は見つかります。なぜなら、今までも誰もが、そうして失敗を乗り越えてきたからです。私にもそのちからは、必ず備わっていますから。
「私は私が好き」と思うきもちを持つことで、まちがっても失敗しても、立ち直ることができます。私を愛することが、大人として責任ある人生を送るための、もっとも基本的なことなのです。

「自分をほめる」大切さ

私たちは誰もが、小さな子どもだった頃に充分に愛されなかった、ほめられなかった記憶をそれぞれに持っているものです。そのため人には「誰かが私を受け止めて、愛してくれること」を望むきもちが潜在的にあって、普段は『大人としての常識』などによって抑制されているのですが、これがひとたびその欲求に耳を貸すと、際限なく愛情やほめ言葉を要求したり……恐ろしく感じるほどに膨れ上がってしまいます。それほどに欠乏感が強いのです。

たしかに「あの頃の不足分を返せ」と言うのは無理なことです。年老いた親や知人、恋人に、過去に不足だった愛情を、今、穴埋めしてもらうことはできません。また、愛の代わりに、お酒やタバコ、食べ物、買い物、クスリ、セックス、ギャンブルで満たそうとするのは、むなしい行為です。それによって人との関係を悪くし、自分の健康を害し、止めたくても止められなくて、本当に自分を苦しめる結果になってしまうかもしれません。

それよりも、今ほかならぬ自分自身でできることで、私に愛を与えてあげる必要があります。それが「自分をほめる」ことなのです。

「自分をほめる」ことは、始めはムリヤリに感じたりウソっぽかったり、傲慢なようで居心地が悪かったりと、やりにくさを感じます。けれども次第にうまくなり、何が自分にぴったりのほめ言葉か、ツボを心得るようになるでしょう。また、そこからこれまで気づかずにいた自分のよさも発見できます。

「私は私が好き」と自分に言ってあげることは、いつでもどこでもできる方法で、お金も時間も場所もいりません。いくらでも思い出すことができるし、次第に心が満足し、体の調子さえよくなります。自分を愛していると、愛情は次第に外へあふれ出て、私を愛するように他の人を愛し尊重することを、自然に始めることができるようになります。罪や罰ではなく、愛と許しによって、人と一緒に生きていくことができるのです。

「私」をほめる2つの方法

1 自分の大親友になることから始めましょう。

そして、私に対するほめ言葉を、なるべく具体的に、5つ以上書き出します。それには、次のことを含めます。

「私の性格や内面のよいところ」「私の容姿で好きなところ」「私がよくがんばったこと、乗り越えたこと」「私の特技、才能」。

書き出したリストを声を出して読み上げます。大きな声で、明るく、高めのトーンで、しっかり立って言ってみます。おかしくて笑い出したり、そわそわしたり泣きたくなったりしたら、体がほめ言葉を受け止めている証拠です。感じるのを止めないでしばらく味わいます。このとき、理解されなかったさびしさ、充分認められなかった悔しさなどマイナスのきもちも表れてくるかもしれませんが、同時に忘れていたなつかしい人の笑顔、優しさ、励まし、ぬくもり、静かに見守られていたことなど、愛されていた記憶も次々思い出されます。リストは大切にしまっておいて、思いついたことがあったら書き加えていきましょう。（このリスト作りは、友達や恋人と一緒にやってみてもいいでしょう。感想を話し合うと、お互いの理解を深めることができますよ）

2 緊張する相手と会う前に、私のいいところを最低3つ思い出して言葉にします。例えば、「私は時間通りに着くことができる」「私は胃の調子がいい」「私はお気に入りの本を読んでいる」など用件と直接関係のないと思われることでも、思いついたことを言葉にします。こうして「私のいいところ・好きなこと」に注目することで、こころをおちつけましょう。相手と別れた後に、自分が今の時間に貢献したことを思い出します。「約束を果たした」「タイムキーパーになった」「よく話した」など、その場で自分がしたことを、前向きな言葉で言います。反省や人への非難、次の目標設定などの前に、自分に「ごくろうさま」と言います。

アサーティブなこころ

アサーティブなこころ

ここで紹介した「こころのちから」を取り戻し元気にする方法は、「アサーティブネス・トレーニング」と呼ばれています。「アサーティブネス」の訳語は「自己主張すること」です。でもここでいう「自己主張」は、一方的に自分の意見を押し通すことではありません。自分も相手も尊重し、率直に、誠実に、そして対等な立場に立ち、責任を持って人と関わる態度です。アサーティブネスの中心にあるのは「自己尊重」、つまり自分への愛情のきもち、「私が好き」と感じるこころなのです。

失敗したり人から認められなかったり、何もかもうまくいかなくて「なぐさめが欲しい」「助けて」「許せない」「このままではイヤ」と感じるとき、「こころのちから」は私の中でふつふつと湧きあがります。困ったり迷ったりつらい思いをしている私を、ちからは守ろうとしているのです。私が調子のよいときも悪いときも、正しいときもまちがっているときも、元気でも病気でも、私の中にあって働いています。ちからはすでに私の中にあるもので、人から奪って手に入れたり人に奪われて無くなったりするものではありません。

アサーティブネス・トレーニングとは

アサーティブネス・トレーニングは、「人権思想」に立って、社会全体が互いを尊重して「共に生きていくことができるように、よい関係を作っていけるように」と考えられたトレーニングで、1970年代にアメリカの「解放運動」の中で使われて発展し、今日では民主的な話し合いの方法や交渉術として、市民サークル学習、カルチャースクール講座、団体研修、企業研修などでの人気プログラムとなっています。トレーニングの考え方の基本には、「4つの柱と12の権利」があります。このうち「4つの柱」とは人と接するときの方針を表すもので、率直に、誠実に、対等に、選択と責任を持って、人と接することの大切さを示しています。「12の権利」とは「基本的人権」の考え方で、「こころのちから」で紹介した12のメッセージのことです。日本では80年代に紹介され、今日まで大勢の人々がプログラムに参加してきました。私たちにとって「自分を尊重する」という考えはあまりピンとこないものかもしれません。自己主張するのはわがままで、人とよい関係をつくるには、なるべくガマンをして人に譲るのがよいと教わってきましたから。でもそれでは「苦しい」と感じます。きっと「こころのちから」が、「もっと力を発揮したい」と語りかけているからです。「権利」と言う言葉も私たちにはなじみの薄いものですが、「誰にとってもあたりまえのこと」だと考えてみて下さい。お互いの「権利」を認めることがもっとわかりあうことにつながっていくのです。

アサーティブネス・トレーニングへようこそ

自分のよさを認め、生かすトレーニングに取り組むようになると、考え方や行動が変わります。まず自分を責めることが少なくなり、意見をきちんと言うようになります。行きたいところへ出かけ、学びたいことを学び始めます。結果、家族や友人、職場での関係も変わっていきますが、これは「娘だから」「妻だから」「母だから」「新人だから」「後輩だから」という役割や義務ではなく、「私として」どのようでありたいかを尊重するようになるからです。が、しばしば周りの人々にとってそうした変化は「好ましくない」と映ります。いままではガミガミ言えば言うことを聞いたのに「私は違うと思う」と意見を言ったり、これまではいくらでもものを頼めたのに、「自分でして欲しい」と断ったりするからでしょう。でも一時はマイナスに思えても、関係はよくなることのほうがずっとたくさんあります。私たちがイライラして文句を言うかわりにはっきりものを頼んだり、落ち込むことが減って穏やかになったり、人の世話を焼くかわりに趣味を楽しむようになると周りもホッとします。お互いに自由になったと感じられるでしょう。

アサーティブネスのプログラムに参加した人たちが、「トレーニングを受けて私が変わったこと」という感想を書いて下さっているので一部をご紹介します。

「怒りっぽい自分が嫌いだったけれど、そういうこ

ともあると受け入れるようになった」

「自分の考えや思いを伝えることが、自分にとっても周りにとってもよいことになるとわかった」

「人と話すのが楽しくなって、本音で話すようになった」

「人にはっきりものを言うのはトレーニングでできるようになることで、性格のせいではないとわかった」

「自分の言ったことを相手がどう受け取るかは相手が決めていいと認められるようになった」

「ほめ言葉を言えるようになった」

「なりたい自分がわかってきた」

「自分に対して『こうあらねば』という重いきもちが少し脱げた」

「自分自身でいることが恥ずかしくなくなった」

「人に感謝するようになった」

「もっと自分を認めてあげようと思った」

「『人と自分は違う』という淋しさを、受け入れるようになった」

「これまで使わなかった『こころの筋肉』を使って、楽しくもありつらくもあり」

「さわやかなきもちを味わうようになった」

「案外自分のことを知らないことがわかった」

「自分の態度で人に感動を与えられることがわかった」

「たくさんしゃべらなくても、黙って聞いてあげたり聞いてもらうだけで満足するのだとわかった」


感想はどれもユニークで、さまざまな発見のあったことが伝わります。

あなたにとってアサーティブネスはどのような発見につながるでしょうか？　チャンスがあったら、ぜひプログラムに参加して下さい。

新しいことにチャレンジして、人生を楽しみましょう！

参考文献リスト

「自分を好きになる本」パット・パルマー……径書房
「おとなになる本」パット・パルマー……径書房
「夢をかなえる本」パット・パルマー……径書房
「第四の生き方」アン・ディクソン……つげ書房新社
「アサーション・トレーニング」平木典子……日本精神技術研究所
「自己カウンセリングとアサーションのすすめ」平木典子……金子書房
「言いたいことがきちんと伝わるレッスン」平木典子……大和出版

おわりに　―改訂に寄せて―

この度、「こころのちから　自分のちからに目覚めようとしているあなたへ」の新装改訂版が出版されることになり、心から喜んでいます。当時も今も変わらないメッセージは「自己尊重」です。

自尊心は「うぬぼれ」や「傲慢さ」と混同して使われますが、アサーティブネスでは、失敗しても成功しても残る強くて深い自己尊重の気持ちを指しています。たとえ自分がまちがい、自らに失望するようなことがあっても、また、他人が自分を受け入れてくれてもくれなくても、自分を大切に愛していこうと思う気持ちです。

私たちは「自分を大切にしたい」と、心の奥で願ってきました。その思いを取り戻し、実現していくのがアサーティブネス・トレーニングです。

自分のコミュニケーションのくせに気づき、小さな実践と小さな変化で、次第に、新しい表現の仕方に慣れていきます。冷笑や非難やあきらめにかわって、愉快さや納得や元気が湧いてきます。小さな一歩をどう作るか、いつも考えるようになります。失敗に寛容になり、やり直せることに確信を持ちます。自分の変化を気長に待つようになります。チャンスを掴むのが上手になり、自分の周りに、ポジティブなパワーが渦を巻くのを感じます。

時には、泣きたくなります。うれしくて、悲しくて、感動して、動揺して、ほっとして、怖くなって、愛情が溢れて、孤独になって、怒りに震えて、しみじみと、感謝して。涙は心と体を回復させ、新しいことに挑戦する勇気を生み出す最良の友です。

自分の人生にちからを発揮する、本当の「力強さ」に、ゆっくり立ち返るプロセスです。

自分に必要なことを人に頼むことや、意見や感情を人に伝えることは、大切な人権です。私たちが、わくわくして生きる力を感じるとき、人権は活きています。

反対に、私たちが落ち込んで無力なとき、人権は侵害されています。「人権」は、日々の暮らしの中で心と体に感じられ、私たちに影響を与えています。

自分を取り巻く外の世界、自分のこころの世界を眺めて、わくわくすることは何でしょう。気落ちし、怒りを感じるのはどんなことでしょう。自分と丁寧に付き合う入り口が、そこにあります。

キーワードは「自分ごと」。

良く自分につきあうと「相手」を大切にする鍵も見つかります。相手を思いやる想像力が広がります。

私とあなたは違っていい。「私のこころが決めていい」は、私とあなたへの応援メッセージです。

2020年6月吉日　岩井美代子

改訂版装丁　　大場君人
初版本文デザイン　　谷口純平
改訂版編集　　青柳有紀、田中悠香（ワニブックス）

※本書は、2001年発行『こころのちから　自分のちからに目覚めようとしているあなたへ』の新装改訂版です。

私のこころが決めていい

岩井美代子
ふじわらかずえ

2020年6月30日　初版発行

発行者　横内正昭
発行所　株式会社ワニブックス
〒150-8482
東京都渋谷区恵比寿4-4-9　えびす大黒ビル
電話　03-5449-2711（代表）
03-5449-2716（編集部）
ワニブックスHP　http://www.wani.co.jp/
WANI BOOKOUT　http://www.wanibookout.com/

印刷所　凸版印刷株式会社
DTP　株式会社明昌堂
製本所　ナショナル製本

ISBN 978-4-8470-9933-5